ABRAÃO

HERNANDES DIAS LOPES

ABRAÃO

O PAI DA FÉ

hagnos

1ª edição: julho de 2024

Revisão: Luiz Werneck Maia (copidesque) e Marcelo Santos (provas)
Diagramação: Letras Reformadas
Capa: Julio Carvalho
Editor: Aldo Menezes
Coordenador de produção: Mauro Terrengui
Impressão e acabamento: Imprensa da Fé

Editora Hagnos Ltda.
Rua Geraldo Flausino Gomes, 42, conj. 41
CEP 04575-060 — São Paulo, SP
Tel.: (11) 5990 3308

E-mail: hagnos@hagnos.com.br | Home page: www.hagnos.com.br

Editora associada à ABDR - Associação Brasileira de Direitos Reprográficos

Dados Internacionais de Catalogação na Publicação (CIP)
Angélica Ilacqua CRB-8/7057

Lopes, Hernandes Dias
Abraão, o pai da fé / Hernandes Dias Lopes. – São Paulo: Hagnos, 2024.

ISBN 978-85-7742-534-1

1. Abraão (Patriarca hebreu)
2. Bíblia. AT Gênesis
I. Título

24-2904 CDD 222.1107

Índices para catálogo sistemático:
1. Abraão (Patriarca hebreu)

Dedicatória

Dedico este livro aos eminentes colegas de turma do Seminário Presbiteriano do Sul, em Campinas, SP (1978-1981). Amigos preciosos, homens valorosos, companheiros de jornada, servos do Altíssimo, com quem dividimos as grandes alegrias e bênçãos do ministério pastoral.

SUMÁRIO

PREFÁCIO

Abraão, pai de Isaque e avô de Esaú e Jacó, é uma das figuras mais importantes da história. O judaísmo, o cristianismo e o islamismo reivindicam-no como o seu ancestral. Ele é o pai da nação de Israel bem como o pai de todos os que creem no Senhor Jesus. Ele é chamado o pai da fé.

Foi tirado de Ur dos caldeus, uma terra idólatra, para conhecer o Deus verdadeiro e torná-lo conhecido. Ele saiu da sua terra e do meio de sua parentela para andar com Deus e caminhar na direção apontada por Ele. Sua peregrinação de fé fascina os cristãos até hoje. Ele creu e obedeceu. Mesmo recebendo a promessa de uma terra deleitosa, só tomou posse da terra que comprou para sepultar Sara, sua mulher. Mesmo tendo a promessa de que seria o pai de uma multidão, só viu o filho da promessa nascer ao atingir os cem anos de idade. Mesmo não conquistando nenhuma cidade da terra, avançou rumo à cidade celestial.

Abraão não foi um homem perfeito. Ele claudicou algumas vezes. Era homem semelhante a nós, sujeito aos mesmos sentimentos e fraquezas. Porém, sempre que foi exortado, voltou-se para Deus e levantou altares ao Senhor. Mesmo nas horas mais escuras de sua vida, jamais deixou de demonstrar sua fé em Deus e seu acendrado amor ao Senhor.

Abraão creu contra a esperança e mesmo já tendo seu corpo amortecido, viu Isaque, o filho da promessa, nascer. Ele amou a Deus incondicionalmente, a ponto de oferecer seu filho amado no altar, na convicção de que Deus era poderoso para ressuscitá-lo. Abraão é o pai de todos os crentes ao longo dos séculos. Na verdade, os verdadeiros filhos de Abraão não são aqueles que têm o seu sangue correndo nas veias, mas aqueles que têm a sua fé habitando no coração.

Este livro tem como propósito apresentar o patriarca Abraão, não segundo conjecturas humanas, mas conforme a revelação divina, exarada no livro de Gênesis. O primeiro livro do Pentateuco é a fonte primária, de onde bebemos toda informação acerca desse progenitor da nação de Israel, que nos legou as Escrituras e de onde procedeu Jesus, o Messias. Portanto, sua importância na história da redenção é sem paralelos. Vamos juntos peregrinar pelas páginas das Escrituras, com o propósito de conhecer Abraão, o pai da fé!

Hernandes Dias Lopes

INTRODUÇÃO

Até aos noventa e nove anos de idade, seu nome foi Abrão, grande pai. Aos cem anos, seu nome foi mudado para Abraão, pai de uma grande multidão.

Abraão nasceu, cresceu e constituiu família no sul da Mesopotâmia, em Ur dos caldeus. Sendo filho de Tera, teve dois irmãos: Naor e Harã. Sara, sua mulher, era sua irmã por parte de pai. Abrão viveu perto do final da Era do Bronze (c. 2000 a.C.), nessa próspera cidade (11:28). A terra dos caldeus, também conhecida como Mesopotâmia — se localizava onde hoje está o Iraque, uma região que os arqueólogos e historiadores chamam de berço da civilização, pois foi ali que os povos antigos se agruparam em cidades e estabeleceram sociedades. Inobstante Ur ter sido uma cidade bem desenvolvida, a idolatria era dominante ali.

Deus tirou Abraão de uma terra eivada de idolatria. Não o chamou por causa de sua piedade, mas apesar de seu envolvimento com uma religião pagã. Não o escolheu por causa de seus méritos, mas apesar de seus deméritos. Abraão não foi um homem impoluto e sem mácula, contudo, ouviu a voz de Deus e a obedeceu. Andou por fé e tornou-se o pai da fé. Os judeus do tempo de Jesus tinham orgulho em afirmar que tinham Abraão como pai (Lucas 3:8). Essa afirmação ainda é repetida por judeus e muçulmanos de nossos dias.

Harã, irmão de Abrão, morreu em Ur dos caldeus. Então, sua família mudou-se de Ur para a cidade de Harã, ao norte da Mesopotâmia. Ali, Tera, seu pai, morreu. Dali Abrão saiu rumo à terra prometida, levando consigo seu sobrinho Ló, filho de Harã. Nesse tempo, Abrão já estava com setenta e cinco anos e Sarai, sua mulher, com sessenta e cinco. Sara viveu cento e vinte e sete anos e Abraão chegou à idade de cento e setenta e cinco anos.

Abraão foi pai de Isaque, avô de Jacó, o pai das doze tribos de Israel. Seu filho Isaque viveu cento e oitenta anos e Jacó, cento e quarenta e sete anos. Essa família desceu ao Egito com setenta pessoas e saiu de lá, quatrocentos anos depois, com seiscentos mil homens, além de mulheres e crianças, ou seja, aproximadamente dois milhões de pessoas. A família de Abraão peregrinou no deserto quarenta anos, sob a liderança de Moisés, e conquistou a terra prometida sob a liderança de Josué. Cerca de trezentos e trinta anos, no período dos juízes, o povo oscilou entre rebeldia contra Deus e volta superficial para Ele. O regime teocrático foi, então, substituído pela monarquia, passando cento e vinte anos sob os governos de Saul, Davi e Salomão. No começo do reinado de Roboão, filho de Salomão, dez tribos cismáticas formaram o reino do norte, sob a liderança de Jeroboão I, e as tribos de

Benjamim e Judá permaneceram fiéis à dinastia de Davi. O reino do norte foi conquistado pela Assíria em 722 a.C., e o reino do sul, levado para o cativeiro babilônico, em 586 a.C. Setenta anos depois, alguns judeus retornaram a Jerusalém para reconstruir o templo e mais tarde os muros da cidade, que fora arrasada até aos fundamentos pelos caldeus. A nação de Israel viveu sob o poder destes, dos medo-persas, dos gregos e, finalmente, dos romanos. Na plenitude dos tempos, porém, Jesus, o Messias, cumprindo as profecias, nasceu em Belém da Judeia para salvar o seu povo de seus pecados. Viveu, morreu e ressuscitou, estabelecendo sua igreja, sobre a qual derramou o Espírito Santo quando retornou ao céu, e, hoje, da igreja de Cristo, comprada com o seu sangue, procedem todas as raças, povos, línguas e nação. Todos aqueles que creem no Senhor Jesus, de todos os lugares e em todos os tempos, são chamados filhos de Abraão. Ele, verdadeiramente, é pai de uma incontável multidão!

Capítulo 1

Abrão, o homem que foi escolhido por Deus

Abrão é uma das figuras mais emblemáticas de todos os tempos. Inegavelmente foi um dos homens mais importantes da história. Ele é filho de Tera, irmão de Naor e Harã, casado com Sarai, pai de Isaque, avô de Jacó, progenitor da nação de Israel e o pai da fé. Abrão é o homem que foi escolhido e chamado por Deus para romper com sua geografia, sua cultura, sua religião e até mesmo com sua família, para uma jornada de fé, a fim de ser o pai dos que creem.

Depois da criação, queda, dilúvio e Babel, a história da redenção tem continuidade com os patriarcas Abrão, Isaque, Jacó e José. Esses são descendentes de Sem, filho de Noé. Assim como temos dez gerações de Sete a Nóe, temos também dez gerações de Sem a Abrão. A menção dos três filhos de Tera: Abrão, Naor e Harã, igualando assim ao trio formado pelos filhos de Noé, deu ocasião para supor que Tera fosse o último membro da genealogia de Sem. O autor sagrado, desta forma, retoma a genealogia de Sem (10:21-31; 11:10-32) para levar-nos até Abrão, o pai da nação de Israel. Isso significa, ainda, que a genealogia de Sem leva à formação de um povo histórico, e dessa forma, à transição para a História. Resta claro afirmar que o alvo da genealogia não é Tera, e sim Abrão.[1]

Após o dilúvio, constatamos uma diminuição drástica de expectativa de vida. Antes do cataclisma alguns indivíduos chegaram a viver mais de novecentos anos; agora, porém, ninguém chegou aos quinhentos e a maioria nem chegou a trezentos anos. Os efeitos do pecado já refletiam mais na expectativa de vida. Matthew Henry esclarece:

> Houve uma diminuição gradual, mas notável, no número de anos da vida deles. Sem viveu 600 anos. Os três seguintes chegaram a 500 anos. Os três seguintes não chegaram a 300 anos. Depois deles, não lemos que ninguém tenha vivido 200 anos, exceto Tera. E, não muitas gerações depois, Moisés registrou que a idade dos homens chegaria a 70 anos ou, em havendo vigor, a 80 anos.[2]

É digno de destaque que nesta linhagem os homens começaram a gerar filhos com idade bem mais jovem. Noé gerou seus filhos quando tinha quinhentos anos. Agora, porém, Arfaxade gerou a Salá com trinta e cinco anos

[1] BRAUMER, Hansjorg. *Gênesis*. Vol. 1. 2016, p. 186.

[2] HENRY, Matthew. *Comentário bíblico do Antigo Testamento:* Gênesis a Deuteronômio. 2010, p. 74.

(11:12). Salá gerou Héber com trinta anos (11:14). De igual modo Pelegue gerou Reú com trinta anos (11:18). O mesmo aconteceu com Serugue, que gerou Naor aos trinta anos (11:22), e Naor gerou Tera com vinte e nove anos (11:24).

É nessa linhagem que Deus preparou o cenário para o nascimento de Abrão (11:10-32). Tanto o avô quanto o irmão de Abrão chamavam-se Naor (11:24,25). Tera, pai de Abrão, Naor e Harã (11:26-32) morava em Ur dos Caldeus, uma terra idólatra (Josué 24:1,2). Harã foi pai de Ló e Milca, que veio a casar-se com seu tio Naor. Harã morreu antes de seu pai Tera, e Ló acompanhou seu tio Abrão rumo a Canaã. Abrão casou-se com Sarai, sua irmã por parte de pai.

Os três filhos de Tera — Abrão, Naor e Harã (11:27-31) — merecem aqui um destaque inicial. O nome *Abrão* significa "pai exaltado" ou "ele é exaltado por seu relacionamento com o pai". Quando Deus estabelece sua aliança com Abrão, dá-lhe o nome de Abraão, "pai de uma grande nação". Braumer diz que antes de receber um novo nome, Abrão é um homem dos primórdios de Israel. Mas quando a aliança é estabelecida e confirmada pela circuncisão, Abraão se torna pai de Israel.[3]

O irmão de Abrão, Naor, que se tornou o pai das tribos aramaicas, recebe o nome do avô. Assim como Jacó

[3] BRAUMER, Hansjorg. *Gênesis*. Vol. 1. 2016, p. 189.

e Ismael, também ele teve doze filhos, dentre eles Betuel, pai de Labão e Rebeca (22:20-24; 24:15,24,47).

Já o irmão caçula de Abrão, Harã, é o pai de Ló, Milca e Iscá. Milca tornou-se esposa de seu tio Naor e sobre Iscá não temos mais nenhuma informação no Antigo Testamento. Ele morreu em Ur dos Caldeus antes mesmo de seu pai Tera. Depois da morte de seu pai, Ló tornou-se representante da família. Portanto, as três linhas que partem de Tera são: Abrão, Naor e Ló.

Quando Abrão saiu de Harã, Ló seguiu seu tio em direção a Canaã. Ele estabelece sua residência na planície do Jordão, ao lado de Sodoma, de onde foi resgatado pelos anjos do Senhor, com suas filhas, vindo a ser pai de seus netos e avô de seus filhos Amom e Moabe.

Milca, cujo nome significa "rainha", concebeu oito dos doze filhos de Naor (22:20-23). Um deles foi Betuel, pai de Rebeca (24:15,24,47). *Sarai*, meia-irmã de Abrão (20:12), tornou-se sua esposa. Ela também era filha de Tera, portanto, irmã de Abrão por parte de pai. O nome de Sarai é um título, que significa "princesa" ou "senhora". Aos noventa anos, apesar de ser estéril e de idade avançada, Deus muda o seu nome para Sara, juntamente com o juramento de ela ser mãe do filho da promessa.

A pré-história introduz a história dos patriarcas por meio de duas indicações geográficas: Ur dos caldeus e Harã. Ur dos caldeus ficava no sul da Mesopotâmia, perto da foz do rio Eufrates. Era um grande centro cultural, religioso e comercial. Foi uma das cidades-estados mais ricas já desenterradas das culturas mais antigas do vale da Mesopotâmia. O deus-lua, Nanar, era adorado ali, e um dos mais famosos reis de Ur foi Ur-Namu.

Josué 24:2 declara que a família de Tera adorava ídolos. A cidade foi destruída em cerca de 2100 a.C. e, logo em seguida, ocorreu grande migração para o oeste.[4] Ali Abrão nasceu e dali foi o ponto de partida de sua caminhada (15:7; Neemias 9:7). A cidade de Harã ficava situada no norte da Mesopotâmia. Era o último posto civilizado antes do vasto deserto arábico. Em decorrência da migração do clã de Tera, Harã se torna a cidade de Abrão, mais tarde também de Jacó (27:43; 28:10; 29:4). Em Harã, Tera, pai de Abraão, morreu aos duzentos e cinco anos de idade.

Warren Wiersbe resume a biografia desses renomados personagens assim: Naor foi o homem que ficou (11:31), Tera foi o homem que parou (11:31), Ló foi o homem que se desviou (13:10-13; 14:12; 19:1-38) e Abrão foi o homem que obedeceu (12:1).[5]

[4] LIVINGSTON, George H. *O livro de Gênesis.* Em Comentário bíblico Beacon. Vol. 1. 2015, p. 57.

[5] WIERSBE, Warren W. *Comentário bíblico expositivo.* Vol. 1. 2006, p. 80,81.

Capítulo 2

Abrão, o homem que creu

A história da redenção e a história da criação começam da mesma maneira: com Deus falando. Deus é o agente de ambas. James Montgomery Boice diz, com acerto, que, à parte de Jesus Cristo, Abraão é, provavelmente, a pessoa mais importante na Bíblia, uma vez que todos os crentes são justificados pela fé como ele, e são chamados seus filhos.[1] Dos capítulos 12 a 50 do livro de Gênesis veremos a semente e a posteridade prometidas, destacando-se quatro personagens: Abraão, Isaque, Jacó e José. A vida dos patriarcas desenrola-se no chamado istmo sírio-palestino. Essa pequena terra da Bíblia é o ponto de encontro de três continentes: Europa, África e Ásia. Esse istmo não fica em algum lugar isolado do mundo, mas é o ponto central entre dois mares e a encruzilhada de grandes rotas comerciais.[2] O istmo sírio-palestino é a área entre as grandes potências Mesopotâmia e Egito. No período de 1600 a 1200 a.C. houve também uma terceira

[1] BOICE, James Montgomery. *Genesis*. Vol. 2. 1998, p. 435,436.

[2] BRAUMER, Hansjorg. *Gênesis*. Vol. 1. 2016, p. 198.

potência: o império hitita.[3] Derek Kidner diz que a promessa de um filho domina os capítulos 12 a 20 por sua angustiante demora, enquanto Abrão a põe em risco, ora por falta de fibra, ora por falta de esperança (capítulos 12, 16, 20), sustentando-a, porém, pela fé (capítulos 15, 17, 18).[4]

O Deus que fala com Abrão é o Deus Yahweh, o Deus da aliança. Destacamos aqui alguns pontos:

1. Uma ordem (12:1). "Ora, disse o SENHOR a Abrão: 'Sai da tua terra, da tua parentela e da casa de teu pai e vai para a terra que te mostrarei'". Não há novo começo nem coisa nova no mundo se Deus não falar. Deus falou a Abrão e isso bastava para ele mudar o rumo de sua história e o rumo da História da humanidade.

O pretérito perfeito "disse" é usado porque Deus chama Abrão não em Harã, depois da morte de seu pai, mas em Ur (11:28,31; 15:7; Atos 7:4), quando ele e sua família estavam afundados na lama da idolatria (Josué 24:2). Deus chama Abrão por sua livre graça e graciosa misericórdia, não havendo nada nele mesmo que pudesse recomendá-lo a Deus.

A mesma palavra que chamou o cosmos à existência, agora chama Abrão para engendrar uma nação. Ele deixa a região da Mesopotâmia antes de Hamurabi (1792-1750

[3] BRAUMER, Hansjorg. *Gênesis.* Vol. 1. 2016, p. 205.

[4] KIDNER, Derek. *Gênesis:* introdução e comentário. 2006, p. 105.

a.C.) estabelecer seu império, o qual, com sede na Babilônia, ia do Golfo Pérsico até o deserto sírio.[5] Abrão sai de Ur (sul da Mesopotâmia) para Harã (norte da Mesopotâmia) em direção ao istmo sírio-palestino, este pequeno espaço de terra entre vários grandes impérios. Esta foi a terra que Deus lhe prometeu. Nesta terra ele tornou-se pai de todo o Israel.

Essa ordem implica vários estágios. A primeira ordem é sair: da terra, da parentela, da casa do pai. O chamamento é ouvido pela primeira vez em Ur (Atos 7:2-4). A segunda ordem é: vai para a terra "que te mostrarei". Antes de Abrão ir, ele precisa romper com sua terra pagã, com sua parentela que adora outros deuses e com a casa de seu pai. Ló acompanha seu tio Abrão, porém na jornada da fé ninguém deve ir de carona. Ló foi sempre um crente a reboque.

Só depois do rompimento com o passado é que existe uma caminhada rumo ao futuro. Conforme já afirmamos, os ancestrais de Abrão viviam em Ur dos caldeus e adoravam outros deuses (Josué 24:2). O Senhor o tirou não só de sua terra, mas também do politeísmo idolátrico para ser o grande representante do monoteísmo na história. Abrão abandonou sua terra, seu povo, sua cultura, sua religião. Concordo com Warren Wiersbe, quando diz que ele obedeceu quando não sabia onde (Hebreus

[5] BRAUMER, Hansjorg. *Gênesis.* Vol. 1. 2016, p. 209.

11:9,10), como (v. 11,12), quando (v. 13-16), nem por quê (v. 17-19).[6]

Abrão tinha setenta e cinco anos quando Deus o chamou. A idade não é um obstáculo para aceitar novos e grandes desafios na vida. Ele morreu aos cento e setenta e cinco, portanto, viveu cem anos na presença de Deus, e para a sua glória.

2. Uma promessa (12:2,3). Depois da ordem dada vem a promessa, e esta possui várias etapas de bênçãos:

Primeira, "de ti farei uma grande nação" (12:2). A magnitude da promessa a um homem com uma esposa estéril testa a fé de Abrão ao limite máximo. Ao não se entregar à incredulidade, ele serve como um modelo ao povo pactual: "Olhai para Abraão, vosso pai, e para Sara, que vos deu à luz; porque era ele único, quando eu o chamei, o abençoei e o multipliquei" (Isaías 51:2).

Segunda, "te abençoarei" (12:2b). A palavra "abençoar" ocorreu apenas cinco vezes em Gênesis 1 a 11. Agora, ocorre cinco vezes apenas em Gênesis 12:1-3. A bênção traz poder para a vida, a fortalece e a faz crescer.[7] Braumer diz que "bênção" é a garantia de proteção e cuidado, a promessa de graça e o presente da paz".[8]

[6] WIERSBE, Warren W. *Comentário bíblico expositivo.* Vol. 1. 2006, p. 87.

[7] WALTKE, Bruce K. *Gênesis.* 2010, p. 247.

[8] BRAUMER, Hansjorg. *Gênesis.* Vol. 1. 2016, p. 218.

Terceira, "te engrandecerei o nome" (12:2c). No antigo Oriente Próximo, um nome não era meramente um rótulo, mas a revelação do caráter. O nome equivale à pessoa ou personalidade. Assim um grande nome acarreta não só fama, mas alta estima social, como um homem de caráter superior. Deus quer fazer de Abrão uma personalidade inigualável. Os construtores de Babel quiseram tornar o seu nome grande e foram desbaratados. Abrão, porém, teve seu nome engrandecido por Deus e entrou para a história com seis títulos de honra: 1) pai de numerosas nações (17:5); 2) confidente de Deus (18:17-19); 3) profeta (20:7); 4) príncipe de Deus (23:6); 5) servo de Deus (Salmos 105:6); 6) amigo de Deus (2Crônicas 20:7).[9]

Quarta, "tu serás uma bênção" (12:d). Deus abençoa Abrão para que ele fosse portador de sua bênção (Salmos 67:7). Isso está de acordo com o que diz a Escritura: "A memória do justo é abençoada, mas o nome dos perversos cai em podridão" (Provérbios 10:7).

Quinta, "abençoarei os que te abençoarem" (12:3). A força abençoadora vale para todos aqueles para quem Abraão é pai. Isto se refere aos que, por meio da oração, buscam mediar a bênção de Deus neste agente de bênção, Abraão, e seus fiéis descendentes. Até que Cristo venha, Abraão e seus descendentes exercerão um papel messiânico representativo e prefiguram Cristo. A promessa hoje

[9] BRAUMER, Hansjorg. *Gênesis*. Vol. 1. 2016, p. 219.

não pertence a um "Israel" étnico e incrédulo (Romanos 9:6-8; Gálatas 6:15), mas a Jesus Cristo e sua igreja (12:7; 13:16; Gálatas 3:16,26-29; 6:16).[10]

Sexta, "amaldiçoarei os que te amaldiçoarem" (12:3b). Quem se opuser a Abrão está se voltando contra a promessa que Deus deu a ele, de ser o pai de numerosas nações, o pai dos crentes. O Novo Testamento conhece uma exclusão da comunhão da igreja que começa com a fórmula: "Que seja amaldiçoado" (*anathema*). "Se alguém não ama o Senhor, seja anátema" (1Coríntios 16:22). Quem não ama a Jesus está exposto à ira de Deus. Ele é publicamente excluído da igreja e entregue ao juízo de divino.[11]

Sétima, "em ti serão benditas todas as famílias da terra" (12:3c). A bênção pessoal de Abrão é, ao mesmo tempo, uma bênção para outros. "Abrão se torna uma fonte de bênção, que jorra a bênção da qual ele mesmo está repleto". O apóstolo Paulo chama o Messias de "descendente de Abraão" (Gálatas 3:16). A promessa dada a Abrão cumpriu-se em Cristo. Aqueles que creem em Jesus são "filhos de Abraão (3:7). Os da fé é que são abençoados com o crente Abraão (Gálatas 3:9). Os verdadeiros filhos de Abraão não são aqueles que têm o seu sangue correndo

[10] WALTKE, Bruce K. *Gênesis.* 2010, p. 248.

[11] BRAUMER, Hansjorg. *Gênesis.* Vol. 1. 2016, p. 220.

em suas veias, mas aqueles que têm a fé de Abraão habitando em seu coração.

A bênção de Deus sobre Abrão é tríplice: pessoal, nacional e internacional. Deus lhe promete riquezas. Deus promete a ele uma terra. E Deus, ainda, promete que nele serão benditas todas as famílias da terra.

3. Uma obediência (12:4-7a). Abrão não discute nem protela a ação; obedece a Deus imediatamente. A fé confia e obedece. Fé e obediência formam uma unidade. Não há fé sem obediência nem obediência sem fé. Derek Kidner diz que Abrão deve permutar o conhecido pelo desconhecido (Hebreus 11:8), e ver sua recompensa naquilo que ele não viveria para ver (uma grande nação), em algo intangível (o nome) e em algo que ele teria de dar (bênção).[12]

Devido à morte de Harã, seu pai, em Ur dos caldeus, Ló acompanha seu tio, como um barco a reboque. Abrão sai com sua mulher, seu sobrinho e seus bens rumo à terra prometida. Diferente de seu pai Tera, ele partiu rumo a Canaã e lá chegou. Quando Abrão chega na terra, em Siquém e ao carvalho de Moré, ela está sendo habitada pelos cananeus. Então o Senhor lhe apareceu e fez mais uma promessa: "Darei à tua descendência esta terra" (12:7).

4. Um altar (12:7b-9). Abrão responde à promessa do Senhor, edificando lhe um altar. De Siquém ele vai a

[12] KIDNER, Derek. *Gênesis: introdução e comentário.* 2006, p. 106.

Betel e ali arma sua tenda e edifica um altar ao Senhor e invoca o seu nome (12:8). De Betel ele segue caminhando, sempre rumo ao Neguebe, o maior deserto da Judeia, que atualmente é uma área árida a sudoeste do mar Morto. Derek Kidner diz que as únicas estruturas que Abrão deixava como legado eram altares; nada que lembrasse as suas riquezas.[13]

[13] KIDNER, Derek. *Gênesis: introdução e comentário.* 2006, p. 107.

Capítulo 3

Abrão, o homem que temeu

A fé de Abrão é provada pelas circunstâncias: a fome (12:10); e pelas pessoas: os egípcios (12:11,14,15). Durante as secas, os beduínos da região asiática buscavam socorro no Egito, o celeiro da Antiguidade. Num período de fome, poderia bem parecer providencial a Abrão a proximidade do Egito, banhado pelas torrentes do Nilo. Entretanto, tudo indica que ele não parou para perguntar, mas prosseguiu por sua própria iniciativa, levando tudo em conta, menos Deus.[1]

É digno de destaque que todos os homens têm os pés de barro. O fiel, às vezes, falha. O homem piedoso, às vezes, claudica. O forte pode ficar fraco. O poderoso e influente vacila. Os heróis podem fraquejar. O vigoroso, às vezes, cai. Aqueles que admiramos podem nos frustrar.

James Montgomery Boice, citando Robert Candlish, lista sete provas que levaram Abrão ao fracasso:

[1] KIDNER, Derek. *Gênesis: introdução e comentário.* 2006, p. 108.

1) Sarai, sua mulher, era estéril;
2) seu destino era incerto;
3) ele estava deixando o seu povo;
4) no caminho, seu pequeno grupo, foi diminuindo;
5) ele não encontrou um lar;
6) os cananitas estavam habitando a terra que Deus lhe prometera;
7) havia fome na terra.[2]

Warren Wiersbe diz que Abrão deu quatro passos errados, em virtude de sua falta de fé:

1) Deixou de confiar para tramar;
2) deixou de confiar e começou a temer;
3) deixou de preocupar-se com os outros e passou a preocupar-se consigo mesmo;
4) deixou de trazer bênção e começou a trazer julgamento.[3]

Abrão não consulta a Deus. Ele sai da bênção. Não há nesse tempo que ficou no Egito nenhuma interação direta de Deus com Abrão. Isso implicitamente significa a desaprovação de Deus e a repreensão de um rei pagão.

Destacamos aqui alguns pontos:

[2] BOICE, James Montgomery. *Genesis*. Vol. 2. 1998, p. 472,473.

[3] WIERSBE, Warren W. *Comentário bíblico expositivo*. Vol. 1. 2006, p. 92,93.

1. Uma mentira (12:10-13). Abrão é movido pelo medo dos homens, o que é incompatível com a fé em Deus. Seu temor demonstra ainda falta de confiança nas recentes promessas de Deus.[4] Ele acovardou-se e usou sua mulher para proteger-se em vez de protegê-la, expondo-a para livrar-se da morte. Ele colocou sua mulher no balcão dos desejos com medo de perder a vida. O marido, entretanto, que ama sua mulher dá a vida para protegê-la (Efésios 5:25). Abrão usou o atributo da beleza de Sarai para blindar-se. O medo fê-lo pensar no pior e, por isso, fez provisão para livrar-se da morte, na mesma medida que ficou preso no cipoal da mentira. Concordo com Derek Kidner quando diz que empregar meia verdade para eliminar a outra metade é mentira tão patente, que nesta ocasião Abrão nem sequer tentou defender-se.[5] Abrão torna-se duplamente culpado: a primeira culpa é a falta de fé; a segunda, a da meia-verdade.

2. Um harém (12:14,15). Sarai era sobremaneira formosa. Não tardou para que os príncipes de faraó observassem a chegada da estrangeira e a notificassem ao soberano, o que resultou em Sarai ser levada para a casa real (12:15), para ser mulher do monarca (12:19). O temor de Abrão o fez colher o fruto de seus presságios. Porque agiu sem fé, aconteceu exatamente o que ele temia.

[4] WALTKE, Bruce K. *Gênesis*. 2010, p. 257.

[5] KIDNER, Derek. *Gênesis: introdução e comentário*. 2006, p. 108.

3. Uma falsa recompensa (12:16). Faraó toma Sarai e recompensa Abrão, que, por causa de Sarai, passou a ter ovelhas, bois, jumentos, escravos e escravas, jumentas e camelos. Esses aparentes benefícios levaram aos conflitos com os pastores de Ló e, mais tarde, a escrava egípcia, Hagar, tornou-se um elemento desagregador no casamento do patriarca. Por causa dessa descida ao Egito, mais tarde Abrão possuirá Hagar, serva egípcia, por orientação de Sarai, e como fruto dessa relação nascerá Ismael.

4. Uma maldição (12:17). "O Senhor puniu Faraó e a sua casa com grandes pragas, por causa de Sarai, mulher de Abrão". Aquele que foi chamado para ser uma bênção e abençoar todas as famílias da terra está sendo uma maldição na casa de Faraó. Derek Kidner diz que, aqui, ao primeiro toque da fome, do medo e das riquezas, perdeu-se a visão, e a empreitada toda correu perigo: foram necessárias pragas para reencaminhar Sarai ao seu destino (12:17), e deportação (12:20) para levar Abrão de volta a Canaã.[6] A viagem de Abrão ao Egito não foi bênção para ninguém.

5. Uma reprimenda (12:18,19a). O ímpio faraó está repreendendo o piedoso Abrão e este não tem defesa nem se atreve a defender-se. Seu silêncio é a confissão de sua culpa. O pecado deixa o homem mudo e sem argumentos. Porque Abrão fez uma transição do plano da fé para o do

[6] KIDNER, Derek. *Gênesis: introdução e comentário.* 2006, p. 108.

medo, foi incapaz de responder à contundente repreensão de faraó.

6. *Uma expulsão* (12:19b,20). "'[...] agora, pois, eis a tua mulher, toma-a e vai-te.' E Faraó deu ordens aos seus homens a respeito dele; e acompanharam-no, a ele, a sua mulher e a tudo que possuía". Abrão desce ao Egito por medo e vai embora dele expulso por seu soberano. Para garantir que Abrão e sua família deixarão o Egito, Faraó ordena que a caravana seja escoltada até a fronteira. Abrão deixa o Egito como um homem envergonhado por Deus e humilhado pelas pessoas.[7]

[7] BRAUMER, Hansjorg. *Gênesis*. Vol. 1. 2016, p. 235.

Capítulo 4

Abrão, o homem que decidiu

A vida é feita de recomeços. Abrão desceu ao Egito, fora da vontade de Deus, e ali adquiriu riquezas à custa da verdade. No Egito não levantou altares; saiu envergonhado, mas sai de lá rumo ao Neguebe e, do Neguebe, a Betel, onde havia erigido um altar (12:8), invocando a Deus. Abrão recomeça sua jornada com Deus e Deus renova com ele sua aliança.

De volta ao altar

Mesmo quando os servos de Deus tropeçam e caem, Deus lhes dá a oportunidade de recomeçar uma nova caminhada. Veremos aqui quatro pontos importantes:

1. A saída de Abrão do Egito (13:1). Abrão não apenas sai do Egito com sua mulher, mas sai rumo ao Neguebe, até Betel. Ele retorna para o lugar de onde nunca deveria ter saído. Retorna com as mãos cheias de bens, mas com a necessidade imperativa de acertar sua vida com Deus.

Warren Wiersbe está correto quando diz que a única coisa certa a fazer é voltar para o lugar onde deixamos o Senhor para trás e recomeçar. Abrão voltou para sua tenda e seu altar e para uma vida de peregrino e estrangeiro.[1]

2. A riqueza de Abrão (13:2). Abrão sai do Egito mais rico do que fora para lá fora. Agora era um homem muito rico, pois possuía gado, prata e ouro. Enquanto no Egito esteve, recebeu os favores de faraó, por causa de Sarai. No Egito ele veio a ter rebanhos, escravos e escravas (12:16). Essas riquezas, entretanto, não foram bênção em sua vida. Elas foram o motivo da desavença entre seus pastores e os pastores de Ló e, mais tarde, uma dessas escravas, Hagar, veio a tornar-se sua concubina, sob a orientação de Sarai. Fruto desse relacionamento, nasceu Ismael. A história é testemunha de quantas dores brotaram para Abrão e sua descendência dessa relação apressada, fruto da impaciência e da incredulidade. Hagar, a escrava egípcia, trouxe divisão e tristeza para o lar de Abrão.

3. A jornada de Abrão (13:3). Abrão demonstra arrependimento de seus deslizes no Egito, retornando para o lugar onde havia feito um altar para invocar ao Senhor. Ele faz uma jornada pela estrada da obediência. Ele faz um retorno não apenas para a geografia do recomeço, mas para o Senhor dos recomeços. Waltke diz que Abrão socialmente é um nômade rico e um estranho residente

[1] WIERSBE, Warren W. *Comentário bíblico expositivo*. Vol. 1. 2006, p. 93.

entre os cananitas. Espiritualmente, ele é um peregrino em busca da visão celestial de uma terra e cidade santas.[2]

4. A adoração de Abrão (13:4). Abrão retorna para Betel e novamente ali invoca o nome do Senhor. Há esperança para aquele que cai. Há perdão e restauração para aquele que se arrepende. Nunca abandone o altar. É na presença de Deus que temos segurança e plenitude de alegria.

Conflito em família

No Egito Abrão e Ló aumentaram suas riquezas, traduzidas em rebanhos numerosos. A região que não tinha pastagens tão luxuriantes como o Egito ou as campinas do Jordão, e ainda, povoada também pelos cananeus e ferezeus, tornou-se insuficiente para atender toda a demanda. Isso gerou um sério conflito entre os pastores de Abrão e os pastores de Ló, desembocando num conflito familiar.

James Montgomery Boice diz que a briga que causou a separação entre Abrão e Ló teve três causas:

1) O espaço era pequeno demais para os dois clãs, que tinham enriquecido.
2) Abrão e Ló tinham que dividir a terra com os cananeus e ferezeus.

[2] WALTKE, Bruce K. *Gênesis*. 2010, p. 266.

3) uma briga declarada havia surgido entre os pastores de Abrão e os pastores de Ló.[3]

As páginas da história estão prenhes de tristes testemunhos de brigas de família causadas pelo amor ao dinheiro. Quantas disputas judiciais por causa de herança! Quantos crimes dentro das famílias por causa do apego aos bens materiais! Quantas lágrimas vertidas e quanto sangue derramado por causa de herança! Abrão ensina-nos a lidar com conflitos, ao decidir ser um pacificador em vez de um encrenqueiro.

Destacaremos aqui três pontos:

1. Pouco espaço (13:5,6). Tal como um barco rebocado, Ló andava de carona com seu tio Abrão, à sombra do qual também adquiriu riquezas: rebanhos, gado e tendas. Em virtude da abundância de seus bens, não tardou para que notassem que não havia espaço para eles conviverem sem conflitos. A convivência tornou-se impraticável.

2. Servos tensionados (13:7). A gota d'água que transbordou, produzindo o conflito familiar, foi a contenda entre os pastores de ambos. Como uma casa dividida não pode prevalecer, o problema estava posto e exigia uma solução.

3. Concorrentes ao lado (13:7b). Não bastasse a tensão familiar, naquela referida terra também habitavam

[3] BOICE, James Montgomery. *Genesis*. Vol. 2. 1998, p. 237.

os cananeus e os ferezeus. Além disso eles disputavam o mesmo território para alimentar seus rebanhos. Uma briga familiar seria um desgaste imenso para Abrão e um elemento desagregador em seu testemunho.

A SEPARAÇÃO HARMONIOSA É MELHOR QUE O CONVÍVIO CONFLITUOSO

Abrão toma a dianteira na solução do problema. Ele é o líder do clã e tem experiência e sabedoria para resolver a tensão. A sabedoria de Abrão brotou da sua fé. Pela fé ele já tinha renunciado a tudo. Pela fé tinha optado pelo que não se vê; não tinha necessidade de julgar, baseado na visão de seus olhos, como o fez Ló.[4] Por outro lado, a situação espiritual de seu sobrinho não é mencionada, embora se possa presumi-la pela sua escolha miserável.

Destacamos aqui três pontos:

1. A paz na família é mais importante que o lucro financeiro (13:8). Abrão entende que a contenda entre ele e seu sobrinho ou entre os seus pastores e os pastores de Ló é uma opção descartada na negociação de paz. A defesa que faz em favor da paz é que irmãos e parentes chegados não devem brigar. A paz na família é um bem mais precioso do que os bens materiais. Abrão trata seu sobrinho órfão

[4] KIDNER, Derek. *Gênesis: introdução e comentário.* 2006, p. 110.

como um igual. Ele estabelece a paz no seio da família antes da prosperidade.[5]

2. A generosidade é mais importante que o direito pessoal (13:9). Abrão, como líder do clã, tinha o direito de escolher e decidir. Cabia a Ló obedecer. Porém Abrão, por amor à paz, abdica de seus direitos e concede a Ló, seu sobrinho, a prioridade na escolha, oferecendo-lhe o melhor da terra. O homem manso é aquele que mesmo tendo direitos abdica deles por amor ao próximo; e para manter paz, prefere sofrer o dano.

3. A separação harmoniosa é melhor que o convívio conflituoso (13:9). Abrão não ordena, mas pede a seu sobrinho para apartar-se dele, dando-lhe primazia nas escolhas: "[...] se fores para a esquerda, irei para a direita; se fores para a direita, irei para a esquerda". A magnanimidade do patriarca do clã e tio do órfão é realmente notável. O superior social se humilha diante do inferior com o intuito de preservar a paz, e assim prova ser espiritualmente superior. A fé de Abrão lhe deu a liberdade de ser generoso.[6]

Braumer destaca que a proposta de conciliação de Abrão inclui a separação, que é a solução mais responsável. Para Abrão, não existe apenas a possibilidade de "viverem unidos os irmãos" (Salmos 133:1), mas há também uma segunda opção, a da separação pacífica e amigável.[7]

[5] WALTKE, Bruce K. *Gênesis.* 2010, p. 267.

[6] WALTKE, Bruce K. *Gênesis.* 2010, p. 267.

[7] BRAUMER, Hansjorg. *Genesis.* Vol. 1. 2016, p. 238.

A separação harmoniosa é melhor que o convívio conflituoso. Abrão não considera a possibilidade de resolver o conflito na base da violência. Às vezes irmãos devem separar-se em prol da paz (Atos 15:39; 1Coríntios 7:10-16). O coração de Ló estava nas riquezas e realizações do mundo, enquanto Abrão só desejava agradar a Deus. O profeta Amós escreve: "Andarão dois juntos, se não houver entre eles acordo?" (3:3).

A COBIÇA, UMA ESCOLHA PERIGOSA

Abrão enxerga com os olhos da fé e Ló, com os olhos da cobiça. Ló não tem a nobreza de seu tio para devolver-lhe a primazia da escolha. Então, escolhe pelo que vê, pela mera aparência, e faz uma escolha perigosa. Vejamos dois pontos:

1. A cobiça dos olhos (13:10). Ló levanta os olhos de Betel (880 metros acima do nível do mar), de onde se tem uma magnífica visão do vale do Jordão a sudeste, e vê toda a campina do Jordão de pastagens verdejantes com entusiasmo, a ponto de compará-las com o Éden ou com as terras férteis do delta do Nilo, de onde tinha recentemente saído com seu tio.

2. A escolha insensata (13:11-13). Ló escolheu para si não parte, mas toda a campina do Jordão. Seu egoísmo é notório nessa escolha, porque pensou em si mesmo e nas suas vantagens pessoais, com a desvantagem do seu tio.

Ele, então, se separa de Abrão, partindo para o Oriente e dando as costas para Betel (Casa de Deus). Enquanto Abrão habitou nos altiplanos de Canaã, Ló é um nômade seduzido pela cidade da destruição. Ele foi morar nas cidades da campina, armando suas tendas até Sodoma, onde os homens eram maus e grandes pecadores contra o Senhor. A tenda de Abrão está junto ao altar de Betel; o acampamento de Ló aponta para a perversa Sodoma. Warren Wiersbe coloca a escolha insensata de Ló assim:

> Ló possuía uma tenda, mas não tinha um altar, o que significa que não invocava o Senhor, pedindo sabedoria em suas decisões. Em vez de levantar os olhos para o céu, Ló levantou os olhos para a campina do Jordão e fixou-se lá. Os olhos veem o que o coração ama [...]. Os olhos de Abrão estavam voltados para a cidade santa de Deus (Hebreus 11:13-16), e ele caminhou com o Senhor até herdar suas bênçãos. Os olhos de Ló estavam voltados para as cidades pecaminosas dos homens, e ele obteve o sucesso do mundo, a falência espiritual e um fim vergonhoso.[8]

James Montgomery Boice diz que o fracasso de Ló se deu porque ele escolheu coisas em lugar de Deus. O primeiro degrau da queda de Ló consiste em ter olhado para as bandas de Sodoma (13:10). Em segundo lugar, em

[8] WIERSBE, Warren W. *Comentário bíblico expositivo.* Vol. 1. 2006, p. 94.

ter armado suas tendas em sua direção (13:12). Terceiro, em ter ido viver lá (13:12). Finalmente, ele assentou-se à porta de Sodoma, como um ancião da cidade, sendo um de seus líderes político e comercial.[9]

Deus faz a Abrão uma promessa maravilhosa

Porque Abrão era apegado ao Senhor e desapegado das coisas; porque contemplava o futuro com os olhos da fé e não com o olhar da cobiça, Deus o honrou. Sua confiança não estava na geografia de suas terras, mas em Deus. Não confiava na provisão, mas no provedor. Não tinha os olhos postos nos campos da terra, mas no Senhor do céu.

Destacamos aqui cinco pontos:

1. Uma ordem divina (13:14). Abrão poderia ter se sentido injustiçado pela escolha de Ló. É como se humanamente ele fosse passado para trás. Porém o Senhor fala com ele e o ordena a olhar para os quatro pontos cardeais. O olhar de Abrão contrasta silenciosa, mas conscientemente, com o olhar cobiçoso de Ló.

Warren Wiersbe diz que, depois que Ló partiu, Abrão teve outro encontro com o Senhor. Seu sobrinho havia levantado seus olhos e visto o que o mundo tinha a oferecer; então, Deus convidou Abrão a levantar os olhos e ver

[9] BOICE, James Montgomery. *Genesis*. Vol. 2. 1998, p. 483.

o que o céu tinha a oferecer. Ló escolheu um pedaço da terra que acabou perdendo, mas Deus deu a Abrão toda a terra que ainda pertence a ele e a seus descendentes. Ló "escolheu para si" as terras que desejava. Deus disse a Abrão: "eu ta darei". Contraste![10]

2. Uma dádiva sublime (13:15). Quando Deus fala (*dabar*), o que diz se torna fato e história, pois Ele mesmo é avalista de sua palavra. Abrão ganha o que não cobiçou e Ló perde o que desejou. Deus promete dar ao patriarca e a sua descendência toda aquela terra para sempre. Seu sobrinho perdeu sua família, mas Abrão recebeu a promessa de uma família tão grande que não poderia ser contada. Derek Kidner diz que tanto a visão como a ação seguiram-se à fé: sua escolha cega (13:9) foi recompensada por estas palavras de Deus: "Ergue os olhos" (13:14); e o que os seus olhos abrangeram no panorama, os seus passos haveriam de explorar minuciosamente (13:17).[11]

3. Uma descendência numerosa (13:16). Um homem cuja mulher era estéril, e que tinha sobre os ombros a promessa de que nele seriam benditas todas as famílias da terra, recebe ainda um adendo dessa promessa: "Farei a tua descendência como o pó da terra..." (13:16).

4. Uma posse pela fé (13:17). Aquilo que Deus promete precisa ser primeiro apropriado pela fé (Deuteronômio

[10] WIERSBE, Warren W. *Comentário bíblico expositivo.* Vol. 1. 2006, p. 95.

[11] KIDNER, Derek. *Gênesis: introdução e comentário.* 2006, p. 110.

11:24; Josué 1:1-3). Deus ordena Abrão a percorrer toda aquela terra, que seria sua e de sua descendência. É a sua fé em Deus que determina quanto das bênçãos dele você vai desfrutar.

5. *Um altar ao Senhor* (13:18). Abrão, então, vai mudando suas tendas para habitar nos carvalhos de Manre, junto a Hebrom. Essa região, uns trinta quilômetros ao sul de Belém, veio a ser o principal centro dos movimentos de Abrão, perto do qual ele ia comprar sua única propriedade, a caverna-cemitério de Macpela. Nesse ínterim, tenda e altar sintetizam o seu modo de viver.[12] Na Bíblia Manre só é citado em Gênesis. Abrão está em Manre quando sai para salvar seu sobrinho Ló (14:13). Três mensageiros de Deus visitam Abrão em Manre (18:1). O sepulcro de Macpela, comprado por Abrão, fica defronte de Manre (23:17,19; 25:9; 49:30; 50:13). Jacó visita seu pai, Isaque, em Manre (25:27). Depois da morte de Isaque, Jacó morou em Manre.

Ali em Manre Abrão levantou um altar ao Senhor. Abrão não construiu monumentos para perpetuar sua memória, ele levantou altares para exaltar a Deus.

[12] KIDNER, Derek. *Gênesis: introdução e comentário*. 2006, p. 110.

Capítulo 5

Abrão, o homem que guerreou

Na opinião do erudito Hansjorg Braumer, o capítulo 14 de Gênesis trata de uma das matérias mais difíceis e controversas da história dos patriarcas, até mesmo de toda a história do Antigo Testamento. O texto fala da campanha militar dos quatro reis do Oriente, da punição aos rebeldes, da libertação empreendida por Abrão e do encontro no vale do Rei.[1]

Este capítulo retrata o ataque maldoso de uma coalizão de quatro reis do norte, representando cidades da área do rio Eufrates, aos cinco reis cananeus, representando as cidades do baixo vale do Jordão, nas cercanias do Mar Salgado.[2] Esse mar, conhecido hoje como mar Morto, tem 85 quilômetros de comprimento por 17,5 quilômetros de largura. Situado a 440 metros abaixo do nível do mar, o mar Morto é o lugar mais baixo do planeta; é, também,

[1] BRAUMER, Hansjorg. *Gênesis*. Vol. 1. 2016, p. 243.

[2] BOICE, James Montgomery. *Genesis*. Vol. 2, p. 493.

chamado de mar Salgado por causa da média de seu conteúdo ser de trinta e dois por cento de salinidade, cerca de dez vezes mais que a dos oceanos.[3] Essa região é rica em minério, e nos tempos romanos o mar era conhecido como *Asphaltites,* devido aos blocos de betume com frequência vistos flutuando em sua superfície, principalmente na área sul.[4]Aqueles quatro reis babilônicos declaram guerra aos cinco reis das cidades cananeias, e tornaram-nos vassalos por doze anos. Como diz Braumer, seu objetivo era garantir acesso às rotas que ligavam o norte da Síria ao Egito e ao sul da península arábica, passando por Elate.[5] No décimo segundo ano de vassalagem, os cinco reis do vale do Jordão se rebelaram, mas em vez de se libertarem do poder opressor dos reis dominadores, foram derrotados, massacrados e espoliados por eles. Porque Ló morava em Sodoma, ele foi sequestrado e seus bens foram pilhados e levados para a terra dos opressores.

Abrão, ao tomar conhecimento que seu sobrinho Ló tinha sido sequestrado pelos reis do Oriente, forma um exército composto de trezentos e dezoito homens treinados em sua casa, com seus aliados Aner, Escol e Manre (14:24), e, usando uma estratégia militar eficaz, triunfa sobre os reis dominadores, libertando Ló e o povo das

[3] WALTKE, Bruce K. *Gênesis.* 2010, p. 278.

[4] KIDNER, Derek. *Gênesis: introdução e comentário.* 2006, p. 112.

[5] BRAUMER, Hansjorg. *Gênesis.* Vol. 1. 2016, p. 242.

cinco cidades, bem como todos os bens que haviam sido saqueados.

No retorno Abrão tem um encontro com Melquisedeque, de quem recebe pão e vinho e a quem dá o dízimo. O rei de Sodoma oferece a Abrão os despojos de guerra, reivindicando apenas o povo. Abrão rejeita sua oferta.

Vamos examinar mais detidamente nessa passagem.

ABRÃO, O GUERREIRO

A passagem é uma espécie de desdobramento da separação de Abrão e Ló. Este, movido pelo amor às coisas materiais, escolhe as campinas do Jordão e muda-se para Sodoma. Era residente na cidade do pecado quando a referida guerra ocorreu. Os quatro reis da região do Oriente — Anrafel, Arioque, Quedorlaomer e Tidal —, de quatro cidades-estados, juntaram-se e desceram para a região do Vale do Jordão, nas cercanias do mar Salgado, conhecido hoje como mar Morto, para declarar guerra contra os reis Bera, Birsa, Sinabe, Semeber e Belá. A força dos quatro reis orientais (14:5-7) prevalece sobre a fraqueza dos cinco reis do mar Morto (14:8-12), tornando-os seus vassalos.

Como já afirmamos, a motivação econômica desta guerra devia-se ao fato de esta região, rica em minas de cobre, à época, ser a principal rota comercial entre a Mesopotâmia e o Egito, portanto o controle dessa região era muito estratégico.

Rebelião fracassada

Depois de doze anos de jugo, os cinco reis do Vale do Jordão rebelaram-se contra os quatro reis do Oriente. Porém, longe de ficarem livres do domínio estrangeiro, foram derrotados, humilhados e feridos. A rebelião fracassou. Quedorlaomer encabeça a confederação oriental e prevalece sobre os reis do vale do Jordão. Como a campanha dos reis orientais ruma para o vale de Sidim, vencem também quatro povos na Transjordânia, ou seja, os rafins, zuzins, emins e horeus (14:5,6). De volta, ainda passaram em Cades e feriram toda a terra dos amalequitas e dos amorreus (14:7).

Derrota humilhante

Os reis de Sodoma, de Gomorra, de Admá, de Zeboim e de Belá se ordenaram e travaram batalha contra os quatro reis confederados, Quedorlaomer, Tidal, Anrafel e Arioque, no vale de Sidim. Nessa batalha os rebeldes foram massacrados. O exército das cidades da planície do Jordão foi completamente derrotado pelos reis invasores. Na fuga, os reis de Sodoma e Gomorra caíram nos poços de betume no vale de Sidim e outros precisaram fugir para um monte. Os invasores prevaleceram e as cidades de Sodoma e Gomorra foram saqueadas, suas riquezas foram pilhadas e o povo, levado cativo. Os reis do Oriente saquearam as cidades rebeldes e deportaram a população.

ABRÃO, O RESGATADOR

Um sobrevivente desse ataque avassalador, por obra da mão invisível da Providência, foi a Manre e informou a Abrão que seu sobrinho Ló estava entre as pessoas sequestradas.

Deixe-me fazer uma breve digressão, para explanar um resumo da vida de Ló depois de sua separação do tio. A relação de Ló com Sodoma foi progressiva: ele a escolhe (13:11), arma acampamento perto dela (13:12), passa a viver nela (14:12) tornando-se dela um respeitável cidadão (19:1,6). Quando a cidade foi condenada por Deus, ele foge para Zoar (19:18-23), habita numa caverna (19:30) e, embriagado, comete incesto com suas duas filhas, gerando Moabe e Amon (19:31-38).

Voltando ao assunto que estamos tratando, a prisão de Ló faz Abrão surgir em cena. Ele é envolvido nesse acontecimento da política mundial. Mesmo Ló tendo feito más escolhas, seu tio, ao saber que ele estava cativo nas mãos do inimigo, sem detença, convoca trezentos e dezoito homens nascidos em sua casa, bem como os aliados amorreus (Aner, Escol e Manre), e parte para resgatá-lo, numa verdadeira campanha militar. Warren Wiersbe diz que apesar de Abrão ser um homem pacífico, estava preparado para a guerra. Ele não lutou por motivos egoístas nem em benefício próprio; lutou porque amava Ló e desejava libertá-lo.[6]

[6] WIERSBE, Warren W. *Comentário bíblico expositivo.* Vol. 1. 2006, p. 97.

Abrão, o homem do altar, é agora o homem da espada. O pastor de ovelhas é agora um general de guerra, que comanda um exército. O homem que renuncia seus direitos em favor de seu sobrinho, não abdica dele e, mesmo correndo riscos, enfrenta reis poderosos para libertá-lo. [7] O homem de paz, por causa de seu parente, torna-se um homem de guerra, com referência aos que o espoliam.

Uma rápida olhada no mapa mostra que os homens de Abrão marcharam mais de 150 quilômetros em direção ao norte, até à cidade de Laís (Jz 18:29), mais tarde rebatizada como Dã. Essa cidade protegia uma importante rota que ligava Damasco e Tiro, sendo assim um importante centro comercial. O exército de Quedorlaomer provavelmente pensou que estava fora de perigo quando acampou no vale fora da cidade. Eles haviam humilhado seus opositores por toda a Canaã, de modo que nunca suspeitariam de um ataque noturno.

Abrão adota uma sábia estratégia de guerra e de súbito, quando menos se esperava, à noite, feriu-os e perseguiu-os até às proximidades de Damasco. Ele recuperou todos os bens saqueados das cinco cidades. Também conduziu de volta para casa a população dessas cidades deportadas pelos reis do Oriente, incluindo Ló e sua família. Com um ataque noturno, realizado de surpresa, Abrão impôs acachapante derrota aos reis do Oriente. O texto bíblico deixa claro que os reis depredadores foram

[7] WALTKE, Bruce K. *Gênesis*. 2010, p. 274.

derrotados, de uma maneira não convencional. Na verdade, o próprio Deus entregou-os nas mãos de Abrão, como no futuro entregaria os midianitas nas mãos de Gideão (14:20).

ABRÃO ENCONTRA MELQUISEDEQUE

Warren Wiersbe diz, com razão, que às vezes enfrentamos os maiores perigos após vencermos uma batalha. Foi depois de ter tomado Jericó que a autoconfiança dos israelitas os levou à derrota em Ai. Foi depois de seu sucesso no monte Carmelo que Elias entrou em pânico e fugiu amedrontado.[8]

Quando Abrão retorna da guerra vitoriosa para Hebrom, passou pelo vale de Savé, conhecido hoje como vale do Cedrom, na antiga Jerusalém. Bera, o rei de Sodoma, sai ao seu encontro. Nesse momento Melquisedeque, rei de Salém, cujo nome significa "rei de justiça" traz a Abrão pão e vinho. Este Melquisedeque, como sacerdote do Deus Altíssimo, abençoa Abrão e exalta o Deus Altíssimo pela sua campanha vitoriosa na guerra. Melquisedeque reconhece que Abrão não venceu por sua força militar: "[...] o Deus Altíssimo, que entregou os teus adversários nas tuas mãos" (14:20).

Destacamos aqui algumas lições:

[8] WIERSBE, Warren W. *Comentário bíblico expositivo.* Vol. 1. 2006, p. 98.

1. Melquisedeque, o rei sacerdote é um tipo de Cristo (14:18). O nome Melquisedeque significa "rei de justiça". Ele era rei de Salém, a cidade da paz. O texto diz ainda que ele era sacerdote do Deus Altíssimo. Esse rei-sacerdote apontava para Cristo (Salmos 110:4; Hebreus 7:1-10). As características seguintes a respeito de Melquisedeque ilustram o caráter de Cristo como o verdadeiro Sacerdote daquela ordem divina:

1) Melquisedeque era sacerdote por seu próprio direito, e não em virtude de suas relações com os outros.
2) Era sacerdote para sempre, sem substituto nem sucessor.
3) Ele não foi ungido com óleo, mas com o Espírito Santo, como sacerdote do Altíssimo.
4) Não ofereceu sacrifícios de animais, mas pão e vinho, símbolos da Ceia que Cristo instituiu.
5) Ele uniu em si as funções sacerdotais e reais, coisa estritamente proibida em Israel, mas que seriam manifestadas em Cristo, Sacerdote no seu reino (Zacarias 6:13).

À luz de Hebreus 7:1-10, podemos compreender que Melquisedeque é um personagem importantíssimo, porém enigmático. Philip Hughes diz corretamente que ele não é uma figura alegórica, mas tipológica.[9] Como já declaramos, o nome de Melquisedeque só aparece nas Escrituras do Antigo Testamento duas vezes, ou seja, em Gênesis 14:18-20 e em Salmos 110:4. Porém, ele foi o mais perfeito tipo do sacerdócio de Cristo. Orton Wiley diz que este salmo profético é o único elo entre o evento histórico em Gênesis e sua aplicação em Hebreus.[10] Seguindo as pegadas de Raymond Brown, destacaremos aqui cinco características desse rei-sacerdote:[11]

Primeira, a elevada posição de Melquisedeque (Hebreus 7:1). Ele é chamado de sacerdote do Altíssimo. Não herdou esse *status* de sua família nem foi nomeado por homem algum. Recebeu seu sacerdócio das próprias mãos do Altíssimo e em seu nome o exerceu.

Segunda, a destacada autoridade de Melquisedeque (Hebreus 7:1). Ele abençoou Abraão e era maior do que Abraão, o pai da nação de Israel e o pai de todos os crentes. Logo, o sacerdócio de Melquisedeque, que precedeu o sacerdócio levítico, era superior ao este sacerdócio, uma vez que Levi era bisneto de Abraão e Abraão era maior que Levi.

[9] HUGHES, Philip E. *A Commentary on the Epistle the Hebrews.* 1990, p. 247.

[10] WILEY, Orton H. *Comentário exaustivo da Carta aos Hebreus.* 2013, p. 316.

[11] BROWN, Raymond. *The Message of Hebrews.* 1988, p. 128.

Terceira, a dupla função de Melquisedeque (Hebreus 7:1,2). Melquisedeque é sacerdote e rei. De acordo com seu nome, é rei de justiça, e, de acordo com o nome de sua cidade, é rei de paz. Justiça e paz ficam juntas somente nele e em Cristo.[12] Melquisedeque é sacerdote do Altíssimo e, também, rei de justiça e rei de paz. Nenhum sacerdote da ordem levítica ocupou a função de rei e nenhum rei de Israel exerceu o ministério sacerdotal.

Warren Wiersbe está correto em dizer que no sistema do Antigo Testamento o trono e o altar eram separados.[13] Melquisedeque é um tipo de Cristo, que é rei e sacerdote. Sacerdote para sempre e rei de justiça e de paz. Justiça e paz caminham de mãos dadas na história da redenção (Isaías 32:17; Salmos 72:7; 85:10; Tiago 3:17,18). A própria carta aos Hebreus traz a mesma ênfase (12:10,11). Hughes diz que em Cristo nós vemos aparência do esperado rei eterno prometido da linhagem de Davi, sob quem justiça floresce e paz abunda (Salmos 72:7; 97:2; 98:3,9). Jesus é o príncipe da paz (Isaías 9:6).[14]

Quarta, a singularidade de Melquisedeque (Hebreus 7:3a). Melquisedeque aparece sem falar de onde veio e vai

[12] WESLEY, John. *Hebreus.* In The Classic Bible Commentary. 1999, p. 1450.

[13] WIERSBE, Warren W. *Comentário bíblico expositivo.* Vol. 6. 2006, p. 387.

[14] HUGHES, Philip E. *A Commentary on the Epistle to the Hebrews.* 1990, p. 247.

embora sem deixar qualquer rastro. Ele não tem predecessor nem sucessor.[15] Concordo com David Stern quando diz que o texto em tela não quer dizer que Melquisedeque não tivesse pai, mãe, antepassados, nascimento ou morte, mas que o Pentateuco não os registra.[16]

A Bíblia não informa a genealogia de Melquisedeque. É óbvio que ele foi uma pessoa real, que viveu no tempo dos patriarcas, uma vez que abençoou Abraão e recebeu dele dízimo. Kistemaker está certo quando diz que tanto a narrativa de Gênesis quanto a da Epístola aos Hebreus descrevem Melquisedeque como uma figura histórica que era um contemporâneo de Abraão.[17]

Melquisedeque era um homem de verdade, um rei de verdade e um sacerdote de verdade em uma cidade de verdade. No que se refere aos registros, ele nunca nasceu nem morreu. Nada sabemos sobre sua genealogia: seus pais, seu nascimento e sua morte. Nesse sentido, ele é um retrato do Senhor Jesus Cristo, o Filho eterno de Deus.

Concordo com Stuart Olyott, quando escreve: "A realidade é Cristo; Melquisedeque é simplesmente figura do Filho de Deus que não herdou seu sacerdócio (porque o tem por direito) nem possui sucessor (porque é sacerdote

[15] PETERSON, David G. *Hebreus*. In New Bible Commentary. 1994, p. 1337.

[16] STERN, David H. *Comentário judaico do Novo Testamento*. 2008, p. 739.

[17] KISTEMAKER, Simon. *Hebreus*. 2003, p. 260.

para sempre)".[18] Nessa mesma linha de pensamento Philip Hughes diz que quando a Bíblia diz que Melquisedeque não tinha princípio de dias nem fim de existência, isso apontava positivamente para Cristo, seu antítipo, e não para ele mesmo. Somente Cristo não tem começo nem fim. Só Ele é eterno. Melquisedeque era apenas uma figura, mas Cristo é a realidade.[19]

Quinta, a perpetuidade do sacerdócio de Melquisedeque (Hebreus 7:3b). O seu sacerdócio permanece para sempre. Isso significa que, por ser ele um tipo de Cristo, permanece para sempre em Cristo. Cristo é sacerdote para sempre segundo a ordem de Melquisedeque, conforme veremos a seguir:

a) Melquisedeque, o abençoador de Abrão (14:19,20). Melquisedeque, sendo superior a Abrão, abençoa-o, e exalta o Deus Altíssimo, o Deus de Abrão, o Deus que possui os céus e a terra, que entregou nas suas mãos os seus adversários. Melquisedeque não destaca a engenhosidade de Abrão em sua estratégia de guerra. Declara, entretanto, que sua vitória foi uma intervenção divina em vez de uma estratégia humana.

b) Melquisedeque, o rei-sacerdote que recebe o dízimo de Abrão (14:20b). Mais uma vez o autor aos Hebreus lança luz sobre este texto, pois depois de mostrar a singularidade

[18] OLYOTT, Stuart. *A Carta aos Hebreus.* 2012, p. 67.

[19] HUGHES, Philip E. *A Commentary on the Epistle to the Hebrews.* 1990, p. 248.

de Melquisedeque, nos fala sobre a superioridade de seu sacerdócio em relação ao sacerdócio levítico. Três são as verdades que devem ser destacadas:

c) Melquisedeque é grande porque recebeu dízimo de Abraão, o pai da nação de Israel (Hebreus 7:4,5). Se os sacerdotes, filhos de Levi, por meio de mandamento, recebem dízimos de seus irmãos, Melquisedeque recebeu dízimos de Abraão, o pai da nação de Israel, de quem os levitas procederam.

John Wesley diz que os levitas são maiores que seus irmãos, os sacerdotes são maiores que os levitas, o patriarca Abraão é maior que os sacerdotes e Melquisedeque, tipo de Cristo, é maior do que Abraão.[20] Abraão reconheceu Melquisedeque como representante de Deus e, portanto, ao dar a Melquisedeque o dízimo, ele deu o dízimo a Deus.[21] Fica evidente que o sacerdócio de Melquisedeque não é apenas anterior ao sacerdócio levítico, mas também superior a ele. Se os levitas receberam dízimos de seus irmãos, aquele que é da ordem de Melquisedeque, recebe dízimos dos crentes, os filhos de Abraão.

Craig Keener diz que o dízimo já era um costume do antigo Oriente Próximo antes que fosse designado no Antigo Testamento, e uma forma dele também é atestada na literatura greco-romana. Neste versículo, o autor

[20] WESLEY, John. *Hebreus*. In the Classic Bible Commentary. 1999, p. 1450.

[21] KISTEMAKER, Simon. *Hebreus*. 2003, p. 261.

recorre a Gênesis 14:20, a primeira ocorrência de dízimo na Bíblia.[22]

O termo *dízimo* significa "um décimo". O povo de Israel deveria entregar o dízimo de suas colheitas, gado e rebanhos (Levítico 27:30-32). Esses dízimos eram entregues aos levitas (Números 18:21-32), no tabernáculo e, posteriormente, no templo (Deuteronômio 12:5-14). Se a viagem era longa demais para transportar cereais, frutos e animais, o dízimo poderia ser convertido em uma soma em dinheiro (Deuteronômio 14:22-27). Resta claro que a prática do dízimo não teve origem em Moisés, pois Abraão pagou o dízimo a Melquisedeque mais de quatrocentos anos antes de a lei ser dada.

d) Melquisedeque é maior do que Abraão porque recebeu dízimos dele e o abençoou (14:19,20; Hebreus 7:6-8). Como já deixamos claro, o sacerdócio de Melquisedeque não vem de uma família sacerdotal. No entanto, recebeu dízimo de Abraão e o abençoou. Não resta dúvidas que o inferior é abençoado pelo superior. Logo, Melquisedeque é superior a Abraão, que é maior do que os levitas, seus descendentes. Os levitas que recebem dízimos de seus irmãos são homens mortais, mas aquele que recebeu dízimos de Abraão, por ser tipo de Cristo, "não teve princípio de dias, nem fim de existência" (Hebreus 7:3), ou seja, é "aquele de quem se testifica que vive" (Hebreus 7:8).

[22] KEENER, Craig S. *Comentário histórico cultural da Bíblia.* 2017, p. 769.

Se Abraão, o pai dos crentes, pagou dízimo a Melquisedeque, nós, filhos de Abraão, devemos pagar os dízimos a Jesus, o Sacerdote segundo a ordem de Melquisedeque. Os dízimos foram pagos antes da lei, durante a lei e, também, no tempo da graça. A prática dos dízimos é ensinada nos livros da lei, nos livros históricos, nos livros poéticos, nos livros proféticos, nos Evangelhos e nas epístolas. Essa prática não cessou com a caducidade do sacerdócio levítico, porque é anterior e posterior a ele.

e) Melquisedeque é superior a Levi (Hebreus 7:9,10). Quando Abraão pagou dízimos a Melquisedeque, Levi só existia nos lombos de Abraão, pois era seu bisneto. Mas, porque Levi é descendente de Abraão, neste ele também pagou dízimos a Melquisedeque. Logo, Melquisedeque é maior do que Levi, o pai da tribo dos levitas e sacerdotes. Matthew Henry, nessa mesma linha de pensamento, diz que Levi pagou dízimos a Melquisedeque como um maior e mais alto sacerdote do que ele mesmo.[23] Corroborando com esse pensamento, escreve Warren Wiersbe: "Quando seu pai, Abraão, reconheceu a grandeza de Melquisedeque, a tribo de Levi também foi incluída. O povo de Israel acreditava firmemente em uma "solidariedade racial". O pagamento dos dízimos envolveu não apenas

[23] HENRY, Matthew. *Matthew Henry's Commentary*. 1961, p. 1917.

o patriarca Abraão, mas também as gerações nascidas de seus descendentes".[24]

ABRÃO, O ABNEGADO

Quando Abrão retornou da guerra, depois de ferir Quedorlaomer e os reis aliados, saiu-lhe ao encontro o rei de Sodoma no vale de Savé (14:17). Este fez uma proposta a Abrão. Queria que ele lhe desse as pessoas e ficasse com os bens do espólio da guerra (14:21). Abrão recusou com juramento sua proposta, justificando sua decisão (14:22,23), porém, estabelecendo a possibilidade de recompensar os aliados que com ele estavam (14:24). Desse episódio podemos extrair duas lições:

1. Abrão não tem apego a dinheiro, pois seu compromisso é com Deus (14:21). O rei de Sodoma pediu as pessoas e ofereceu os bens. O que enchia os olhos de Ló, não atraía Abrão.[25] Além do mais, o vencedor, e não um rei derrotado, tem o direito de estipular a disposição dos espólios de guerra. Além disso, a atitude do rei de Sodoma é fraudulenta e invejosa. Ele não saúda Abrão com alegria festiva. Abrão antecipa que, caso aceitasse a oferta, o rei de Sodoma alegaria que ele ficaria em desvantagem para que Abrão tivesse vantagem.

[24] WIERSBE, Warren W. *Comentário bíblico expositivo.* Vol. 6. 2006, p. 388.

[25] WALTKE, Bruce K. *Gênesis.* 2010, p. 286.

2. Abrão não negocia seu testemunho para auferir vantagens financeiras (14:22-24). Abrão não estende suas mãos para o rei de Sodoma para ajuntar os bens resgatados na guerra, mas ergue suas mãos ao Senhor, o Deus Altíssimo, o que possui os céus e a terra. Ele rejeita a oferta do rei com juramento. Não se dispõe a tomar para si nem sequer um fio ou correia de sandália. Sua riqueza não deve vir da cidade do pecado, mas das mãos do Deus Altíssimo. Waltke diz que Abrão prefere pairar acima de qualquer censura aos olhos de seus vizinhos pagãos, e não permitiria que o nome de seu Deus fosse desonrado por ambiguidade moral.[26]

Estou de pleno acordo com o que escreveu Warren Wiersbe:

> Abrão não impôs sua convicção a seus aliados. Deixou a critério deles resolver se desejavam tomar para si a parte que lhes cabia dos espólios. Também não esperou que dessem o dízimo a Melquisedeque. Abrão era um peregrino e estrangeiro, enquanto os aliados eram homens do mundo, cuja conduta era governada por um conjunto diferente de valores. "Os outros podem, você não deve".[27]

[26] WALTKE, Bruce K. *Gênesis*. 2010, p. 289.

[27] WIERSBE, Warren W. *Comentário bíblico expositivo*. Vol. 1. 2006, p. 100.

Capítulo 6

Abrão, o homem com quem Deus fez aliança

O capítulo 15 de Gênesis apresenta Abrão como um profeta, uma vez que esta é a primeira vez que a expressão frequentemente usada para Deus comunicar-se com os seus profetas é usado na Bíblia: "veio a palavra do Senhor a [...]".

Deus fala com Abrão quando este está tomado de medo e encoraja-o, dando-lhe uma palavra de confiança e esperança; confiança em Deus e esperança na promessa (15:1). Deus promete a Abrão que sua posteridade será tão numerosa como as estrelas do céu (15:2-6) e que sua descendência vai possuir a terra, depois de passar quatro gerações em amargo cativeiro (15:7-17). Deus conclui, fazendo com Abrão uma aliança (15:18-21). O texto desenrola-se numa espécie de diálogo entre Deus e Abrão.

Vamos examinar, então, o texto em tela.

Deus encoraja Abrão

Destacamos aqui duas lições:

1. As circunstâncias da vida podem trazer temores ao nosso coração (15:1). O texto começa dizendo que a palavra do Senhor veio a Abrão "depois destes acontecimentos". Que acontecimentos são esses? No capítulo 12 ele sai da sua terra e do meio de sua parentela. No capítulo 13 ele desce ao Egito sem consultar a Deus e ali, por medo de morrer, mente acerca de sua mulher, e ela é levada para o Harém de Faraó. Ele recebe no Egito riquezas, servos e servas, mas sua mentira é descoberta e precisa ser expulso do Egito, saindo da terra das pirâmides milenares envergonhado. As riquezas que ali adquiriu precipitaram a separação entre ele e Ló, seu sobrinho; e das servas que trouxe do Egito, uma delas, Hagar, por sugestão insensata de Sarai, tornou-se sua concubina e mãe de Ismael, abrindo uma ferida na relação familiar.

No capítulo 14, em virtude dos quatro reis do vale do Eufrates terem prevalecido sobre os cinco reis do vale do Jordão, impondo-lhes derrota acachapante e levando inclusive Ló cativo com seus bens sequestrados, Abrão reúne trezentos e dezoito homens treinados em sua casa e numa coalizão com seus aliados de Manre, ataca os reis do Eufrates com cirúrgica estratégia de guerra, e vence-os, tomando de volta o povo cativo, seus bens pilhados, assim como Ló e seus bens.

Por que Abrão estaria com medo? Muito provavelmente porque sabia que esses poderosos reis do Eufrates viriam em represália contra ele, com mão forte para se vingarem. Além do mais, sendo ele um homem muito rico, ainda não tinha um filho, o descendente prometido por Deus para herdar sua riqueza. Se todos esses fatos não bastassem, Deus lhe prometera uma terra, mas Abrão ainda era um peregrino e forasteiro no meio dos cananitas.

2. A Palavra de Deus pode vencer os temores do nosso coração (15:1b). Deus dá uma ordem a Abrão: "Não temas" e, em seguida, os motivos pelos quais não temer: "eu sou o teu escudo, e teu galardão será sobremodo grande". Destacaremos aqui esses três pontos:

Primeiro, *vencemos o medo quando atendemos a ordem de Deus para não temer*. Deus nos conhece e sabe que somos susceptíveis ao medo. O medo é mais do que um sentimento, é um espírito. O apóstolo Paulo diz que Deus não nos deu espírito de medo (2Timóteo 1:7). A ordem mais repetida em toda a Bíblia é: "não temas". As circunstâncias adversas podem produzir temor em nosso coração e transtornar nossa alma. Precisamos ouvir a voz de Deus, pois só ela pode acalmar os vendavais de nossa alma.

Segundo, *vencemos o medo quando reconhecemos que Deus é o nosso protetor*. A confiança de Abrão não estava em sua força de guerra nem em seus aliados. A sua proteção vinha de Deus. É ele quem nos protege e dá vitória. Deus é o nosso escudo. James Montgomery Boice diz que Deus é o nosso protetor contra os inimigos, contra Satanás e contra a tentação.[1]

[1] BOICE, James Montgomery. *Genesis*. Vol. 2. 1998, p. 528,529.

Terceiro, *vencemos o medo quando reconhecemos que as recompensas de Deus são melhores do que os tesouros do mundo*. Abrão rejeitou os espólios de guerra, oferecidos pelo rei de Sodoma, e agora Deus declara que seu galardão será sobremodo grande. As honras de Deus são superiores àquelas oferecidas pelos homens. Bruce Waltke tem razão em dizer que a fidelidade de Abrão é recompensada, não com um saque corrupto, mas com as riquezas incomensuráveis de Deus.[2] Deus, assim, trata dos temores de Abrão, prometendo-lhe proteção e provisão.[3]

DEUS PROMETE DESCENDÊNCIA NUMEROSA A ABRÃO

Destacamos aqui quatro lições importantes:

1. Uma pergunta inquietante (15:2,3). Em resposta às declarações do Senhor, Abrão estabelece um diálogo e pergunta a Deus o que Ele poderia lhe dar, se não tinha sequer um filho para ser seu herdeiro (15:2). Diz ainda que Deus não lhe tinha dado uma descendência (15:3), conforme havia lhe prometido (12:2,3; 13:16).

2. Uma resposta esclarecedora (15:4). A esses dois questionamentos de Abrão, Deus afirma categoricamente a ele que seu herdeiro não seria o servo Eliezer, mas um

[2] WALTKE, Bruce K. *Gênesis*. 2010, p. 291.

[3] WIERSBE, Warren W. *Comentário bíblico expositivo*. Vol. 1. 2006, p. 103.

filho de sangue, gerado dele mesmo (15:4). É como diz Warren Wiersbe: "Abrão estava procurando a solução para o problema a seu redor, mas a resposta era buscar a solução lá do alto".[4]

3. Uma demonstração poderosa (15:5). Para dar-lhe uma demonstração da veracidade dessa promessa, Deus conduz Abrão para fora de sua tenda e lhe diz: "'Olha para os céus e conta as estrelas, se é que podes'. E lhe disse: 'Será assim a tua descendência'" (15:5). Deus já havia dito a Abrão que sua descendência seria incontável como o pó da terra (13:16) e agora diz, com outra imagem, que será incontável como as estrelas do céu (15:5). Essa promessa foi repetida a Abraão (22:17) e reafirmada a Isaque (26:4). É óbvio que Deus não está falando aqui de uma descendência hereditária, mas da descendência espiritual. Deus não está falando daqueles que têm o sangue de Abrão em suas veias, mas daqueles que têm a fé de Abrão em seu coração. Essa multidão contável para Deus (Apocalipse 7:1-8) é incontável para os homens (Ap 7:9-17). Assim como o homem não pode contar o pó da terra, também não pode contar as estrelas. Há mais estrelas no firmamento do que todos os grãos de areia de todas as praias e desertos do nosso planeta.

[4] WIERSBE, Warren W. *Comentário bíblico expositivo*. Vol. 1. 2006, p. 104.

4. Uma fé salvadora (15:6): "Ele creu no Senhor, e isso lhe foi imputado para justiça". Pela primeira vez na Bíblia ocorre o verbo "crer". Deus computa a fé de Abrão na promessa como justiça. Está aqui a semente bendita de onde brotou a árvore frondosa da doutrina da justificação pela fé. Abrão foi salvo pela fé. Ele creu, e isso lhe foi imputado para justiça. Este versículo foi muito importante para o apóstolo Paulo, que o usou para demonstrar em Romanos 4 e Gálatas 3 que a fé em Cristo é a base para obter a salvação e que a justiça é um dom de Deus. O apóstolo Paulo recorre a esta passagem para provar a doutrina da justificação pela fé. Abraão é o pai de todo aquele que crê (Romanos 4:3,11; Gálatas 3:6,7; Tiago 2:23).

Abrão creu no Senhor e a justiça lhe foi imputada. "Imputar" é atribuir a alguém, colocar na conta de alguém. Na cruz, nossos pecados foram atribuídos a Jesus (Isaías 53:12), quando Ele sofreu o castigo que nos era devido (v. 6). Ao confiar em Cristo, a justiça dele nos é atribuída (2Coríntios 5:21), e somos declarados justos e perdoados diante do tribunal de Deus. Esse é um termo legal e forense. A justificação é um ato e não um processo. Não tem graus. Todo aquele que crê em Cristo está justificado e tem paz com Deus, acesso à graça e expectativa da glória (Romanos 5:1-3).

Deus promete uma terra a Abrão

O diálogo entre o Senhor e Abrão prossegue, com afirmações do Senhor e perguntas de Abrão. Vejamos:

1. Uma declaração (15:7). O Senhor apresenta-se a Abrão, mostrando-lhe dois êxodos: o seu êxodo de Ur dos caldeus (15:7) e o êxodo de sua descendência depois de quatrocentos anos de cativeiro do Egito (15:14). O Senhor o tira de Ur dos caldeus para dar-lhe, por herança, a terra das nações que ocupavam Canaã (Neemias 9:7,8).

2. Uma pergunta (15:8). A pergunta de Abrão não é fruto de incredulidade. Ele quer saber como ele possuiria a terra de Canaã, que estava habitada por outros povos.

3. Uma orientação (15:9-11). Em resposta à pergunta de Abrão, o Senhor o orienta a tomar três animais de três anos: uma novilha, uma cabra e um cordeiro e duas aves, uma rolinha e um pombinho. Abrão parte esses animais pelo meio, exceto as aves, pondo em ordem suas metades. As aves de rapina desciam sobre as carcaças, porém Abrão as enxotava. Essa era uma espécie de aliança de sangue, onde os contratantes assumiam um compromisso que não podia ser rompido.

Warren Wiersbe diz que esse ritual solene incluía a morte dos animais e o compromisso das pessoas com uma promessa. As partes envolvidas caminhavam pelo meio do sacrifício declarando que, se deixassem de cumprir sua promessa, mereciam o mesmo fim que aqueles animais (Jeremias 34:18,19).[5] O mesmo afirma Bruce Waltke quando escreve: "Uma vez que o animal era morto, aquele

[5] WIERSBE, Warren W. *Comentário bíblico expositivo*. Vol. 1. 2006, p. 105.

com quem se fazia a aliança podia esperar o mesmo destino do animal, caso quebrasse a aliança".[6] Nessa mesma linha de pensamento Derek Kidner diz que as duas partes aliançadas deveriam passar entre os animais partidos para chamar a si mesmo as consequências, caso rompessem o seu compromisso. Aqui, porém, a participação de Abrão consiste apenas em compor o cenário e impedir que o violassem (15:11,17).[7]

4. Uma profecia (15:12-16). Cansado dessa atividade, ao pôr do sol, Abrão caiu um sono profundo e um grande pavor tomou conta dele, sobrevindo-lhe cerradas trevas. Bruce Waltke diz que essas trevas densas e apavorantes era um símbolo da escravatura e maus tratos de Israel no Egito.[8] Enquanto Abrão estava vivendo a noite escura da alma, Deus lhe dá mensagens proféticas:

Primeira, *sua posteridade seria peregrina e escravizada* (15:13). Sua posteridade seria peregrina e reduzida à escravidão no Egito por quatrocentos anos. Este é um número redondo para a figura mais precisa de quatrocentos e trinta anos (Êxodo 12:40,41; Atos 7:6; 13:20). Derek Kidner diz, também, que não há conflito entre o número redondo, "quatrocentos anos" (15:13) e a "quarta geração"

[6] WALTKE, Bruce K. *Gênesis.* 2010, p. 298.

[7] KIDNER, Derek. *Gênesis: introdução e comentário.* 2006, p. 116.

[8] WALTKE, Bruce K. *Gênesis.* 2010, p. 296.

(15:16), visto que geração poderia significar "duração da vida".[9]

Segunda, *Deus julgaria o Egito antes de sua posteridade ser libertada* (15:14; Êxodo 6:6; 7:4; 12:12). A sua descendência veria o juízo de Deus vir sobre seus opressores, o que de fato aconteceu, quando o Senhor enviou dez pragas sobre o Egito, desbancando seus deuses. O povo hebreu da casa da servidão cumulado de riquezas.

Terceira, *Abrão morreria em paz, em ditosa velhice* (15:15). Abrão só comprou em Canaã o campo de Macpela, onde sepultou Sara. Ele era um peregrino que "aguardava a cidade que tem fundamentos, da qual Deus é o arquiteto e edificador" (Hebreus 11:10).

Quarta, o *Senhor aguardaria quatro gerações até encher a medida da iniquidade dos amorreus* (15:16). Essa profecia demonstra tanto a paciência como a justiça de Deus. O Senhor esperou quatrocentos anos para dar a terra aos hebreus, porque na sua paciência deu oportunidade aos habitantes de Canaã. Quando Josué entrou na terra, não era apenas o cumprimento da promessa da terra a Israel, mas também um juízo divino aos amorreus. Bruce Waltke diz que Deus só desapossará as nações quando elas vierem a ser totalmente saturadas com a iniquidade (Levítico 18:24-28; 20:23). Da mesma forma que Deus não enviou o dilúvio, enquanto a terra não estava saturada de corrupção (6:5,12), e não destruiu Sodoma e Gomorra

[9] KIDNER, Derek. *Gênesis: introdução e comentário.* 2006, p. 116.

enquanto não percebeu que na cidade não restava sequer um quórum de justos. A conquista e o estabelecimento de Israel em Canaã têm por base a equidade absoluta de Deus, não a agressão franca. Posteriormente, quando as iniquidades de Israel chegassem à plenitude, Deus expulsaria da terra inclusive sua nação eleita (Deuteronômio 28:36,37; 2Reis 24:14; 25:7).[10]

5. Uma teofania (15:17). Depois dessas profecias, houve densas trevas e um fogareiro fumegante e uma tocha de fogo passaram entre aqueles pedaços dos animais partidos. Isso foi uma teofania, uma manifestação de Deus através do fogo. É digno de nota que só o Senhor passou entre os pedaços dos animais. Deus comprometeu-se consigo mesmo em cumprir suas promessas a Abrão. Esta é a aliança da graça, que precede a aliança da lei dada no Sinai (Gálatas 3:17-22). Warren Wiersbe diz que aqueles que depositam a sua fé em Jesus Cristo entram nessa aliança e recebem salvação (Hebreus 5:9; 9:12), herança (Hebreus 9:15) e glória eternas (1Pedro 5:10).[11]

Deus faz uma aliança com Abrão

Depois da manifestação divina, mostrando que o Senhor não tendo ninguém maior do que Ele para jurar, jurou por

[10] WALTKE, Bruce K. *Gênesis*. 2010, p. 297.

[11] WIERSBE, Warren W. *Comentário bíblico expositivo*. Vol. 1. 2006, p. 106.

si mesmo, arrogando para si maldição, caso descumprisse sua aliança, firma com Abrão aliança perpétua.

James Montgomery Boice diz que a aliança que Deus fez com Abrão tem algumas características:

1) *É uma aliança unilateral.* Somente Deus passou no meio das partes dos animais (15:17). A Abrão não foi permitido participar. Deus confirmou o pacto por si mesmo, enquanto Abrão nada falou e nada fez. Foi exatamente isso que o autor aos Hebreus disse: "Pois, quando Deus fez a promessa a Abrão, visto que não tinha ninguém superior por quem jurar, jurou por si mesmo, dizendo: 'Certamente, te abençoarei e te multiplicarei'. E assim, depois de esperar com paciência, obteve Abraão a promessa" (Hebreus 6:13-15).
2) *É uma aliança eterna.* As promessas de Deus são sempre eternas. Elas não mudam. Quando Deus diz que vai fazer, Ele não muda de ideia.
3) *É uma aliança de graça.* As promessas de Deus são imerecidas, por isso são procedentes da graça. O que havia feito Abrão para merecer o chamado de Deus? Nada! Antes de Deus chamá-lo, ele era um adorador de ídolos (Josué 24:2). O que ele fez para merecer as promessas de Deus? Nada! O que ele poderia fazer? Nada! Ele não tinha nada para oferecer a Deus em troca.

4) *É uma aliança que aponta para outra maior.* Assim como Deus fez uma aliança com Abrão, Ele também fez uma aliança com todos os que creem como Abrão. Ele guardará essa aliança para sempre. Se Deus não tivesse firmado sua aliança conosco unilateralmente, ninguém poderia crer. Se a aliança de Deus não fosse eterna, todos nós nos desviaríamos. Se a aliança de Deus não fosse totalmente pela graça, ninguém teria ouvido as promessas, porque nenhum de nós tem qualquer merecimento. No entanto, o imutável, eterno e gracioso Deus estabeleceu seu pacto e o confirmou não com o sangue de animais, mas com o sangue do seu Filho, Jesus Cristo, nosso Senhor. Durante as três horas de trevas, quando Jesus estava dependurado na cruz, Deus moveu-se na escuridão para ratificar a aliança. É por causa da morte de Cristo que nós jamais pereceremos. Nossa segurança depende somente de Deus, que estabeleceu uma eterna, imutável e graciosa aliança.[12] Destacaremos aqui dois pontos:

1. *A terra é delineada em termos geográficos* (15:18). Deus estabelece os limites geográficos da terra da promissão, extensão essa só alcançada nos

[12] BOICE, James Montgomery. *Genesis.* Vol. 2. 1998, p. 562-566.

dias de Davi. Bruce Waltke diz que, em seu apogeu, o império davídico exerceu controle político e econômico sobre o Eufrates (2Samuel 8:1; 1Crônicas 18), mas Israel não tentou desapossar os povos dalém das fronteiras geográficas de Canaã (10:19).[13]

2. *A terra é delineada em termos etnográficos* (15:19-21). Deus mesmo dá à descendência de Abrão a terra habitada pelos dez povos, cuja medida da iniquidade já estava cheia. A lista de povos, desde os queneus e quenezeus, logo absorvidos pela família de Israel, até os jebuseus, subjugados por Davi, juntamente com a cidadela de Jerusalém que lhes pertencia, indica a diversidade de grupos que habitavam na terra de Canaã nesse tempo.[14]

[13] WALTKE, Bruce K. *Gênesis*. 2010, p. 299.

[14] KIDNER, Derek. *Gênesis: introdução e comentário*. 2006, p. 117.

Capítulo 7

Abrão, o homem que falhou

Já havia dez anos desde que Abrão havia saído de sua terra. Deus lhe prometera uma numerosa descendência como o pó da terra (13:16) e como as estrelas do céu (15:5). Porém, Sarai já está agora com setenta e cinco anos. Além de estéril, sua ovulação já havia cessado. Ela compreendeu que chegara para ela o fim da linha da esperança de ser a mãe do herdeiro. Desesperançada, ela arquiteta um plano para "cooperar" com Deus na consecução de seu propósito. Desse expediente irrefletido surge o primeiro relato de barriga de aluguel da história.

Hagar, serva de Sarai, será entregue a Abrão, para suscitar o herdeiro da promessa. Esse, porém, não era o plano divino, que não foi frustrado, porém trouxe muitas dores de cabeça para a família de Abrão e seus descendentes ao longo da história. Warren Wiersbe destaca que aquilo que os jornalistas chamam hoje de "conflito árabe-israelense" começou com esse desvio de Abrão e Sarai.[1]

[1] WIERSBE, Warren W. *Comentário bíblico expositivo*. Vol. 1. 2006, p. 107.

Vamos examinar a passagem em tela.

QUANDO A ESPERANÇA FALHA

A mulher de Abrão, Sarai, já está com 75 anos. Por ser estéril e muito provavelmente por ter chegado à menopausa, ela concluiu que seria impossível o filho da promessa nascer de seu ventre. Sarai chega a expressar uma ponta de mágoa, ao afirmar: "... eis que o Senhor me tem impedido de dar à luz filhos..." (16:2). Ela, então, em conformidade com sua cultura, mas completamente fora do propósito divino, propõe entregar a Abrão sua serva Hagar, para que dela lhe fossem suscitados filhos. Vale lembrar que serva é uma escrava pessoal adquirida por uma mulher rica, não uma jovem escrava responsável por seu senhor. A relação de Hagar para com Sarai lembra a de Eliezer para com Abrão (15:2); ela é responsável por Sarai. O Anjo do Senhor reafirmará esta identificação (16:8).[2] Sarai deixou morrer em seu coração a esperança do cumprimento da promessa, e essa esperança quando adiada adoece o coração (Provérbios 13:12).

Bruce Waltke diz que a atitude de Sarai contrasta-se com a atitude de Abrão que indaga a Deus sobre a opção de adotar um filho (15:2,3). Tivesse Sarai também

[2] WALTKE, Bruce K. *Gênesis*. 2010, p. 306.

buscado o conselho de Deus, ela teria sido poupada de uma maternidade substitutiva (15:1-4; 17:19; 18:9-15).[3]

Por que Deus demorou tanto para dar o filho da promessa? Por que ainda se passariam mais quinze anos até que a promessa fosse cumprida? Deus queria que Abraão e Sara estivessem "amortecidos" (Hebreus 11:12), a fim de que a glória fosse dada somente a Ele. Aquilo que é verdadeiramente feito pela fé é realizado para a glória de Deus (Romanos 4:20), não para a exaltação do homem.

Quando a fé vacila

Abrão claudicou na fé para deixar-se guiar pela razão e pelo conselho de Sarai. Em vez de encorajar sua mulher a crer nas promessas de Deus, por incredulidade, ele aquiesceu à sua proposta e possuiu Hagar, e ela concebeu. Abrão não ministrou ao coração de Sarai. Ele que já tinha falhado ao descer ao Egito, agora falha ao ceder à proposta de sua mulher em relação à sua serva egípcia. Abrão emula Adão ao agir sob sugestão de sua mulher em vez de agir de acordo com a Palavra de Deus.

Matthew Henry diz que uma das artimanhas de Satanás é nos tentar por meio dos nossos parentes mais próximos. A tentação é mais perigosa quando é enviada por uma mão que é menos suspeita.[4] Nessa mesma linha

[3] WALTKE, Bruce K. *Gênesis*. 2010, p. 305.

[4] HENRY, Matthew. *Comentário bíblico Antigo Testamento – Gênesis a Deuteronômio*. Vol. 1. 2010, p. 94.

de pensamento, Derek Kidner diz que é uma ironia que, depois das alturas atingidas por Abrão nos dois últimos capítulos, ele houvesse de capitular-se ante à pressão doméstica, mostrando-se maleável ao plano e à censura de sua mulher, ao mesmo tempo que se tornou rápido em lavar as mãos quanto ao resultado.[5] Bruce Waltke tem razão em dizer que quando a fome golpeia a terra prometida, Abrão a deixa sem autorização divina; quando Deus se delonga em dar-lhe a semente prometida, ele dá ouvidos ao plano de Sarai, uma vez mais sem consultar a vontade de Deus.[6]O expediente adotado por Sarai e Abrão é conhecido como barriga de aluguel. Naquela época, a prática de substituir a maternidade de uma esposa infértil por meio de sua serva parecia ser socialmente aceitável (30:3-12). Essa prática foi sancionada no código de Hamurabi (1700 a.C.).[7] Porém, nem tudo que é lícito é moral e nem tudo que é moral aos olhos da sociedade está de acordo com os preceitos divinos.

Quando as providências humanas se complicam

Sem uma palavra de Deus a autorizar seus planos, Sarai e Abrão foram culpados de sinergismo, a tentativa

[5] KIDNER, Derek. *Gênesis: introdução e comentário.* 2006, p. 117.

[6] WALTKE, Bruce K. *Gênesis.* 2010, p. 305.

[7] WALTKE, Bruce K. *Gênesis.* 2010, p. 307.

independente de ajudar a Deus a concretizar seu propósito. Abrão e Sarai tentam ajudar Deus no cumprimento de seus planos. Porém, Deus não precisa de ajuda humana e nem a aceita para cumprir seus propósitos. Ele é soberano e realiza todas as coisas conforme o conselho de sua vontade (Efésios 1:11).

Bruce Waltke tem razão em dizer que o sinergismo só leva ao desastre. Hagar e Ismael funcionam como um contraste da vida pela fé nas promessas de Deus. O resultado imediato é desavença no lar, e sua consequência, a longo prazo, é a bênção mista de numerosa progênie que herdará o espírito insolente de Hagar. Por meio do sinergismo, toda a família perde: Sarai perde o respeito; Hagar perde um lar; e Abrão experimenta dor de cabeça pela perda de uma esposa e a rejeição de um filho. Esta geração natural traz hostilidade às gerações futuras, e não paz.[8]

Sarai chegou à conclusão de que o descendente que o Senhor prometera a Abrão não viria de seu corpo. O resultado dessa falta de fé é que ambos fracassaram nessa prova. Eles não tiveram paciência de esperar o tempo de Deus e a forma de Deus agir. Eles se apressaram para fazer as coisas do seu jeito, no seu tempo, e pagaram um alto preço por isso. O Novo Testamento assemelha o filho de Hagar, nascido "segundo a carne", aos produtos dos esforços próprios do homem quanto à religião (Gálatas 4:22), sempre incompatíveis com os do Espírito (4:29).

[8] WALTKE, Bruce K. *Gênesis*. 2010, p. 312.

Quando a soberba aparece

A jactância de Hagar desmorona os planos de Sarai. Hagar não era serva de Abrão, mas de sua esposa. Estava a serviço dela, e não dele. Ao perceber que tinha concebido e que seu filho seria o herdeiro de Abrão, passou a desprezar sua senhora. Deixou seu coração ser enganado pela soberba. Arrogantemente, ela se voltou contra aquela que solicitou seu auxílio e tentou ocupar o lugar de sua senhora. Esse era um pecado intolerável naquela cultura, o qual fazia a terra estremecer: "Sob três coisas estremece a terra [...] sob a serva quando se torna herdeira da sua senhora" (Provérbios 30:21-23).

Quando a liderança enfraquece

Sarai, tomada de uma suspeita ciumenta, culpa injustamente Abrão pelo comportamento de Hagar, como se ele compactuasse com a insolência da serva. Para ratificar seu engano e absolver-se, Sarai irrefletidamente apela a Deus: "O Senhor julgue entre mim e ti", como se Abrão tivesse se recusado a lhe dar a razão. Concordo com Matthew Henry, quando diz: "Não estão sempre certos aqueles que se apressam a apelar a Deus em altos brados. As imprecações impensadas e ousadas normalmente são evidências de culpa e de maus motivos".[9] Abrão, em vez de assumir

[9] HENRY, Matthew. *Comentário bíblico Antigo Testamento: Gênesis a Deuteronômio.* Vol. 1. 2010, p. 95.

a liderança de sua família para resolver o conflito, transfere para sua mulher a solução do problema: "[...] a tua serva está nas tuas mãos, procede segundo melhor te parecer [...]" (16:6). Bruce Waltke diz que, como Eva, Sarai transfere a culpa; e como Adão, Abrão se desvencilha da responsabilidade. Abrão é o único que tem autoridade para efetuar uma mudança, porém não agiu para proteger seu casamento.[10] Ele se acovarda e se omite. O guerreiro valente que enfrenta uma coalisão de reis beligerantes do Eufrates apequena-se diante de sua mulher em Hebrom. Por transferir a solução do problema para as mãos de Sarai, abriu a ela, tomada pelo sentimento de desprezo, o caminho da violência e da injustiça.

Quando a opressão aparece

A atitude de Sarai é descrita em poucas palavras, mas há uma tonelada de intolerância e crueldade em suas atitudes. Sarai humilhou Hagar, mostrando a ela quem mandava naquela casa. Hagar ficou sem vez, sem voz e sem espaço naquela família. Se os costumes daquela época permitiam que uma esposa sem filhos oferecesse ao marido uma criada para servir no lugar dela e que a descendência dessa relação fosse sua, esse mesmo costume que permitia uma esposa substituta, não permitia a expulsão

[10] WALTKE, Bruce K. *Gênesis*. 2010, p. 308.

desta esposa depois que ela ficasse grávida, qualquer que fosse sua atitude.[11]

Bruce Waltke tem razão em dizer que a reação de Sarai é muito severa. Vitimada pela esterilidade e por Hagar, ela se converte em algoz. Nem Sarai nem Hagar, porém, se portam bem aqui: a senhora é cruel e despótica; a serva é impenitente e insubordinada.[12]

Warren Wiersbe é mais abrangente ao mencionar a forma errada como cada pessoa envolvida agiu nesse episódio. A solução de Sarai foi expressar toda sua raiva, culpando o marido e maltratando sua serva. Parecia ter se esquecido de que a ideia daquela união havia partido dela. A solução de Abrão foi ceder à esposa e abdicar da liderança espiritual do seu lar. Deveria ter se compadecido de uma serva desamparada e grávida, mas permitiu que Sarai a maltratasse. Deveria ter chamado todos para o altar, mas não o fez. A solução de Hagar foi fugir do problema, uma tática que todos nós aprendemos com Adão e Eva (3:8).[13] Derek Kidner ainda corrobora: "Cada uma das três personagens exige a inverdade, que faz parte do

[11] LIVINSGTON, George H. *O livro de Gênesis.* Em Comentário bíblico Beacon. Vol. 1. 2015, p. 63.

[12] WALTKE, Bruce K. *Gênesis.* 2010, p. 308,309.

[13] WIERSBE, Warren W. *Comentário bíblico expositivo.* Vol. 1. 2006, p. 109.

pecado, com falso orgulho (16:4), acusação falsa (16:5), e falsa neutralidade (16:6).[14]

QUANDO A FUGA PARECE A ÚNICA SAÍDA

Hagar reage às afrontas e humilhações de sua senhora, fugindo da presença de Sarai. Nas palavras de Hansjorg Braumer, "Hagar sente que a única possibilidade de ser liberta é fugir para a desesperança. Ela arrisca a própria vida e a vida do filho que cresce dentro dela".[15] Foge para onde? Foge para o seu lar no Egito! Ela toma a direção de sua terra e chega até junto a uma fonte de água no deserto, no caminho de Sur. Essa é uma região não apenas na direção do Egito, mas nas proximidades do Egito. O nome Sur significa "muro", provavelmente uma referência às fortificações na fronteira egípcia ao longo da linha do canal de Suez, que protegiam a nação da incursão dos asiáticos (25:18).[16] Hagar enfrenta sozinha aquele inóspito deserto, carregando em seu ventre um filho, que ela não buscou. Saiu do Egito como uma escrava, e tenta voltar para o Egito como uma serva desprezada.

[14] KIDNER, Derek. *Gênesis: introdução e comentário.* 2006, p. 118.

[15] BRAUMER, Hansjorg. *Gênesis.* Vol. 1. 2016, p. 267.

[16] WALTKE, Bruce K. *Gênesis.* 2010, p. 309.

Quando o Anjo do Senhor intervém

Deus sai em busca da pecadora e rejeitada Hagar junto à fonte no caminho de Sur, como Jesus saiu em busca da mulher samaritana no poço de Jacó. James Montgomery Boice diz corretamente que assim como o Senhor saiu ao encontro de Adão e Eva depois de terem pecado no Éden, agora, também, sai ao encontro de Hagar. Ela não estava procurando pelo Senhor. Ela estava fugindo de todos, mas Deus a viu. Aprendemos com isso que Deus está mais interessado em nós do que podemos estar interessados nele ou em nós mesmos.[17]Esta é a primeira vez que aparece na Bíblia a expressão "o Anjo do SENHOR". A maioria dos estudiosos acredita que se trata de uma aparição da segunda Pessoa da Trindade. Também pela primeira vez Deus chama uma mulher no Antigo Testamento pelo nome, sendo esta mulher estrangeira, escrava e desprezada. O Anjo do Senhor a chama pelo nome, fazendo-lhe duas perguntas: "Donde vens e para onde vais?". Ele não pergunta porque precisa dessa informação. Pergunta para falar-lhe ao coração e mostrar seu valor, apesar da humilhação que sofreu.

O Anjo do Senhor faz duas perguntas, dá uma ordem e faz duas promessas a Hagar. Vejamos:

[17] BOICE, James Montgomery. *Genesis.* Vol. 2. 1998, p. 572.

1. As duas perguntas (16:8). O Anjo do Senhor faz duas perguntas à fugitiva, a respeito de seu passado e de seu futuro. "Donde vens e para onde vais?". Sem hesitar, Hagar responde à primeira pergunta. Não sabe que resposta dar à segunda. Por isso, o Anjo do Senhor passa a cuidar tanto de seu passado quanto de seu futuro.[18]

2. Uma ordem (16:9). O Anjo do Senhor ordena a Hagar a voltar e humilhar-se. Uma serva não vence rompendo as fronteiras sociais, mas honrando-as: "O que trata da figueira comerá do seu fruto; e o que cuida do seu senhor será honrado" (Provérbios 27:18).

3. Duas promessas (16:10-12). O Anjo do Senhor faz duas promessas a Hagar. Promete que seus descendentes são parte dos planos divinos para a história. Ela deveria dar o nome de Ismael a seu filho, que, traduzido, significa: "Deus ouviu". Ismael é o patriarca de uma tribo nômade com doze subtribos (25:13-16). Os ismaelitas espalharam-se da fronteira do Egito até o Golfo Pérsico (25:18). Na tradição islâmica, Ismael é considerado o patriarca dos árabes.[19] Vejamos as duas promessas:

Primeira, *uma numerosa descendência* (16:10). A ordem divina a Hagar para sujeitar-se é graciosamente acompanhada por uma promessa. A promessa foi reafirmada (17:20) e cumpriu-se (25:13-16). Seu filho teria um

[18] BRAUMER, Hansjorg. *Gênesis*. Vol. 1. 2016, p. 268.

[19] BRAUMER, Hansjorg. *Gênesis*. Vol. 1. 2016, p. 269.

caráter incomum. Ele não se ajustaria bem com a família quieta de Abrão. Ele amaria a vida selvagem e livre do deserto.[20] Abrão gerará muitos descendentes (13:16), tanto eleitos quanto não-eleitos. Os não-eleitos também serão protegidos por Deus e transformados em grande nação (17:20).[21] Deus prometeu multiplicar os descendentes de Ismael e transformá-los numa grande nação (21:18; 25:12-18), e assim o fez, pois de Ismael originaram-se os povos árabes.[22]

Segunda, *um filho que será poderoso na terra* (16:11,12). O comprometimento de Deus com Abrão não anula seus comprometimentos com os não-eleitos que também têm um futuro dentro dos planos de Deus. O Senhor vela pelos oprimidos (29:32; Êxodo 3:7; 4:31; Deuteronômio 26:7; 1Samuel 1:11), redime o erro humano e protege o injustiçado.[23]

A expressão profética usada para Ismael, "jumento selvagem", retrata seu destemor e ligeireza, metáfora usada para um estilo de vida individualista indomado (Jó 24:5-8; 39:5-8; Jeremias 2:24; Oseias 8:9). Sua paixão por liberdade o levará a conflitos com todos. A agressão feroz

[20] LIVINGSTON, George H. *O livro de Gênesis.* Em Comentário bíblico Beacon. Vol. 1. 2015: p. 65.

[21] WALTKE, Bruce K. *Gênesis.* 2010, p. 310.

[22] WIERSBE, Warren W. *Comentário bíblico expositivo.* Vol. 1. 2006, p. 109.

[23] WALTKE, Bruce K. *Gênesis.* 2010, p. 310.

dos ismaelitas é contrastada com o estilo de vida nômade dos patriarcas.

No final da narrativa abraâmica, Ismael e Isaque vivem separados (25:18). O Anjo do Senhor, ao dizer que Ismael seria "como um jumento selvagem" (16:12), identificava-o com o deserto onde viveu usando de sua grande habilidade como flecheiro (21:20,21; Jó 24:5). Também revelava sua natureza independente e belicosa. Ismael seria um homem odiado, vivendo "fronteiro a todos os seus irmãos". A hostilidade entre judeus e árabes ao longo dos séculos são por demais conhecidas para ser ignorada.[24]

Quando a humilhação é transformada em adoração

A resposta de Hagar à visitação do Anjo do Senhor foi gratidão e adoração. Hagar invoca o nome do Senhor que lhe falava junto à fonte no caminho de Sur e dá um novo nome a Deus: "Tu és Deus que vê" (16:13). Agora ela exulta não por estar grávida, mas se maravilha no cuidado do Senhor por ela. Hagar também deu nome ao poço: "Beer-Laai-Roi", que significa "o poço daquele que vive e me vê". O Deus pessoal importa-se com as vítimas do abuso e com os bebês ainda não nascidos. Conhece o

[24] WIERSBE, Warren W. *Comentário bíblico expositivo.* Vol. 1. 2006, p. 100.

futuro e cuida daqueles que nele confiam.[25] Hagar refez o caminho de volta à tenda de Sarai. Humilhou-se diante de sua senhora. Embora o texto não tenha dito qual foi a reação de Sarai, ao que tudo indica, ela acreditou no relato de Hagar e aceitou-a de volta como sua serva. É provável que Sarai não voltou a maltratá-la, pois, afinal de contas, Deus estava vendo! Hagar, então, é recebida. Ismael, seu filho, nasce. Abrão o legitima como filho, ao referendar o nome Ismael dado pelo Anjo do Senhor. Nesse tempo Abrão tinha oitenta e seis anos e ainda haveria de esperar mais quatorze anos até que o filho da promessa nascesse.

[25] WIERSBE, Warren W. *Comentário bíblico expositivo.* Vol. 1. 2006, p. 110.

CAPÍTULO 8

ABRAÃO, O HOMEM QUE RECEBEU UM NOVO NOME

Treze anos se passaram e nenhum altar foi erigido. Abrão e Sarai já se contentavam em ter Ismael com o herdeiro das promessas. O corpo de Abrão já estava amortecido e Sarai, além de estéril, já não tinha mais as regras das mulheres. Agora, a expectativa de uma criança naquele lar só mesmo por um milagre, e foi exatamente isso que aconteceu. Depois de treze anos, Deus aparece novamente a Abrão e retoma o assunto das suas promessas. O que se destaca nesse brilhante texto são os nomes dos personagens centrais. Warren Wiersbe diz que temos aqui quatro nomes novos e um nome que sempre será antigo, pois não pode ser mudado.[1]

[1] WIERSBE, Warren W. *Comentário bíblico expositivo.* Vol. 1. 2006, p. 112.

O Deus Todo-poderoso, o Deus do impossível, se revela

Sempre quem toma a iniciativa no relacionamento pactual é Deus. Ele aparece a Abrão no seu dia natalício, para renovar suas promessas e firmar uma aliança eterna. Destacaremos aqui quatro lições:

1. A revelação (17:1). Aquele era um dia especial para Abrão. Era seu aniversário. Deus apareceu na festa e fez uma revelação inédita. Apresentou-se pela primeira vez na história da redenção como o Senhor todo-poderoso, o *El Shaddai*. Para um homem que dependia de um milagre para as promessas de Deus se cumprirem em sua vida e através de sua vida, o Senhor lhe revela seu poder ilimitado. Derek Kidner diz que no livro de Gênesis, o nome *El Shaddai* tende a combinar-se a situações em que os servos de Deus estão deprimidos e necessitados de restabelecimento da certeza (17:1; 28:3; 35:11; 43:14; 48:3; 49:25).[2] *El Shaddai* é o nome principal de Deus no período pré-mosaico (Êxodo 6:2,3). O nome que se destaca na aliança dos patriarcas. Warren Wiersbe lança luz sobre este nome de Deus, quando escreve:

> *El* é o nome de Deus e refere-se a poder, mas o que significa *Shaddai*? Os estudiosos não são unânimes quanto a isso. Alguns dizem que vem de uma

[2] KIDNER, Derek. *Gênesis: introdução e comentário.* 2006, p. 120.

> palavra hebraica que significa "ser forte"; outros preferem uma palavra que quer dizer "montanha" ou "seio". Em termos metafóricos, uma montanha é um "seio" que se eleva da planície e, certamente, constitui um símbolo de força. Se combinarmos todas essas ideias, podemos dizer que *El-Shaddai* é o nome do Deus todo-poderoso e absoluto, que poder fazer qualquer coisa e suprir qualquer necessidade.[3]

Harold Willmington corrobora, dizendo que a palavra *shadd* refere-se ao seio da mãe lactante. A palavra significa "aquele que é forte". Deus confortou Abraão (17:1), Jacó (35:10,11) e José (49:25), com esse nome.[4]A grande questão é por que Deus se apresentou a Abrão treze anos depois do nascimento de Ismael, com esse novo nome? É porque estava prestes a realizar o grande milagre, de suscitar de um homem com o corpo amortecido e uma mulher estéril e já sem as regras das mulheres, o filho da promessa. Este nome de Deus evoca a ideia de que Ele é capaz de fazer a estéril fértil e de cumprir suas promessas. *El Shaddai* é o Deus que dá limites a tudo e a todos e que é suficiente para tudo e todos.

[3] WIERSBE, Warren W. *Comentário bíblico expositivo*. Vol. 1. 2006, p. 112.

[4] WILLMINGTON, Harold L. *Guia de Willmington para a Bíblia*. 2015, p. 29.

2. A responsabilidade (17:1b). A revelação sempre traz consigo responsabilidade. Depois de revelar-se a Abrão, o Senhor dá-lhe uma dupla ordem: "anda na minha presença e sê perfeito". Ele devia seguir as pegadas de homens como Enoque e Noé. Ele devia andar na presença de Deus e buscar uma vida inteira, íntegra, sem os desvios que marcaram alguns momentos de sua jornada. Trata-se de um chamado à integridade. É evidente que a expressão "perfeito" aqui significa perfeição de relacionamento e integridade, antes que sem pecado (6:9). A palavra hebraica traduzida como "perfeito", *tamim,* significa consumado, pronto, completo, íntegro e inimputável.[5]

3. O relacionamento pactual (17:2). A expressão "minha aliança" é usada nove vezes neste capítulo e define o relacionamento de Deus com Abrão. As três divisões desta aliança — "De minha parte [...]" (17:4,8), "De sua parte [...]" (17:9-14) e "Da parte de Sara [...]" (17:15,16) — reconhecem as obrigações de todos os parceiros. Deus promete comprometimento com Abrão e com sua descendência (17:4-8,15,16); eles seguem seus mandamentos (17:9-14). Esta parceria singular depende sempre da presença e provisões divinas.[6] A promessa de ser o seu Deus implica que os descendentes em pauta participarão da nova aliança (Jeremias 24:7; 31:31-34).

[5] BRAUMER, Hansjorg. *Gênesis.* Vol. 1. 2016, p. 283.

[6] WALTKE, Bruce K. *Gênesis.* 2010, p. 316.

Não era outra aliança, diferente da que Deus já havia feito com ele (12:1-3; 15:1-21). Era uma reafirmação daquela aliança com o acréscimo importante da circuncisão, o sinal e o selo da aliança.[7] Deus promete fazer uma aliança com Abrão e multiplicá-lo extraordinariamente. Deus já havia dito a ele que sua descendência seria como o pó da terra (13:16) e como as estrelas do céu (15:5). Agora, quando seu corpo já está amortecido, Deus promete multiplicá-lo de forma exponencial. Warren Wiersbe diz que essas duas comparações — terra e céu — sugerem que Abraão teria uma família material, os judeus (Mt 3:9), e uma família espiritual constituída de todos os que creem em Jesus Cristo (Gálatas 3:26-29).[8]

4. A adoração (17:3). Abrão curvou-se até ao chão e se prostrou com o rosto em terra. Este é um ato típico de culto (Levítico 9:24). Essa é a atitude de adoração diante da Majestade que reconhece a condição básica do senhor-servo da aliança. (17:3; 17:17). Braumer diz que essa é uma expressão de profunda reverência e confiança dedicada, mas também de alegria arrebatadora. Ao se prostrar diante de Deus, o ser humano aceita o caminho escolhido

[7] WIERSBE, Warren W. *Comentário bíblico expositivo.* Vol. 1. 2006, p. 113.

[8] WIERSBE, Warren W. *Comentário bíblico expositivo.* Vol. 1. 2006, p. 113.

por Ele. A prostração é a expressão física do "amém" por meio do qual a pessoa aceita a promessa de Deus.[9]

Abraão, o pai de uma multidão

Deus renova sua aliança com Abrão e acrescenta que ele será pai de numerosas nações. Vamos destacar aqui cinco pontos:

1. O novo nome (17:5). O Senhor todo-poderoso muda o nome de Abrão, "grande pai", para Abraão, "pai de uma multidão". Seu nome anterior expressa sua eminência pessoal. Seu novo nome expressa sua prole numerosa. Hansjorg Braumer diz que, com a mudança do nome, Deus transformou Abrão, o pai de uma família da Antiguidade, em Abraão, o pai do povo de Israel e patriarca de muitos povos.[10] A mudança do nome vem antes do cumprimento da promessa. Isso porque promessa de Deus e realidade são a mesma coisa.

2. A descendência (17:4-7). Deus acrescenta ao que já tinha dito a Abraão que ele será pai de numerosas nações. A um homem cujo corpo já estava amortecido, Deus promete fazê-lo extraordinariamente fecundo, a fim de que dele pudesse proceder nações e reis. Waltke diz que a promessa de Deus de que reis procederiam de Abraão

[9] BRAUMER, Hansjorg. *Gênesis.* Vol. 1. 2016, p. 285.

[10] BRAUMER, Hansjorg. *Gênesis.* Vol. 1. 2016, p. 286.

prefigura aquele Rei verdadeiro, o Messias, Jesus Cristo, que reinará no monte Sião celestial (Hebreus 12:22-24) e será adorado por todos os demais reis (Isaías 52:15).[11] Deus ainda promete ser o seu Deus e o Deus de sua descendência para sempre.

3. A terra prometida (17:8). Deus promete dar a Abraão e à sua descendência a terra de suas peregrinações, e toda a terra de Canaã, em possessão perpétua.

4. O selo da aliança (17:9-14). A aliança de Deus com Abraão e sua descendência deveria ser guardada por todas as gerações. Nas palavras de James Montgomery Boice, a aliança de Deus é unilateral, eterna e graciosa.[12] O selo dessa aliança foi a circuncisão de todo macho. Isso incluía a família de Abraão e todos os membros de sua casa, fossem livres, fossem servos.

A circuncisão era largamente praticada no Oriente Próximo. Braumer diz que, na Antiguidade, era praticada em quase todos os continentes: no Oriente Próximo, na África, na América, na Austrália; estando ausente entre os indo-germânicos e os mongóis. No entorno de Israel, a circuncisão era conhecida no Egito, em Canaã e entre os povos semitas ocidentais. Não era praticada na Babilônia, na Assíria e entre os filisteus.[13] A circuncisão era o ritual

[11] WALTKE, Bruce K. *Gênesis.* 2010, p. 323.

[12] BOICE, James Montgomery. *Genesis.* Vol. 2. 1998, p. 581.

[13] BRAUMER, Hansjorg. *Gênesis.* Vol. 1. 2016, p. 287.

de entrada na família da fé. Derek Kidner chegou a afirmar que no sentido em que o Pentecostes é o natalício da igreja, este é o natalício da igreja no Antigo Testamento.[14]

Concordo com Waltke quando diz que a circuncisão foi o símbolo crucial da aliança abraâmica (21:4; Lucas 1:59; Filipenses 3:5). Era efetuado no órgão de procriação em virtude de a aliança pertencer aos descendentes separados para Deus. Entretanto, a circuncisão na carne seria de nenhum valor espiritual, a menos que fosse acompanhada por um coração circuncidado — a realidade que ela simbolizava (Deuteronômio 10:16; 30:6; Jeremias 4:4; Ezequiel 44:7-9).[15] O apóstolo Paulo deixa claro que a circuncisão era um ritual físico, com um significado espiritual:

> E recebeu o sinal da circuncisão como selo da justiça da fé que teve quando ainda incircunciso (15:6); para vir a ser o pai de todos os que creem, embora não circuncidados, a fim de que lhes fosse imputada a justiça, e pai da circuncisão, isto é, daqueles que não são apenas circuncisos, mas também andam nas pisadas da fé que teve Abraão, nosso pai, antes de ser circuncidado (Romanos 4:11,12).

Ainda recorro às palavras de Waltke quando afirma que hoje Deus define seu povo não em termos de

[14] KIDNER, Derek. *Gênesis: introdução e comentário.* 2006, p. 122.

[15] WALTKE, Bruce K. *Gênesis.* 2010, p. 322.

ascendência física de Abraão, mas de sua relação com Jesus Cristo, o único descendente de Abraão que cumpriu a aliança divina sem transgressão. Além disso, Ele concede a seu povo seu Santo Espírito e escreve a lei em sua mente e em seu coração, garantindo sua circuncisão (Jeremias 31:31-34; Romanos 2:28,29; 2Coríntios 3:2-6; Gálatas 6:15).

A circuncisão, o antigo sinal de iniciação na comunidade pactual, é substituída por um novo sinal, o batismo. Este rito simboliza que o santo é "circuncidado, no despojar da natureza pecaminosa, não com uma circuncisão feita pelas mãos dos homens, mas com a circuncisão feita por Cristo" (Colossenses 2:11). O batismo é o símbolo da inclusão na igreja de Cristo, a nova expressão do povo pactual de Deus, e o símbolo da lavagem do pecado (Romanos 6:1-14; 11:16; 1Coríntios 7:14; Colossenses 2:11,12; 1Pedro 3:20). Visto que no corpo de Cristo não há macho nem fêmea, todos podem vir: macho, fêmea, pai e filho (Gálatas 3:26-29).[16] A circuncisão é o selo da justiça da fé (Romanos 4:11,12), que marca a entrada no pacto. O circuncidado se torna membro da comunidade com a qual Deus tem um relacionamento perpétuo.[17]

5. A obediência imediata de Abraão (17:23-27). Logo que o Senhor Deus todo-poderoso falou com Abraão,

[16] WALTKE, Bruce K. *Gênesis*. 2010, p. 322,323.

[17] WALTKE, Bruce K. *Gênesis*. 2010, p. 318.

ele prontamente obedeceu. Circuncidou-se aos noventa e nove anos e circuncidou a Ismael aos treze anos, bem como a todos os homens de sua casa. Esse rito era o sinal da aliança e quem não o tivesse seria eliminado.

Sara, a mãe de nações

O Senhor não apareceu a Sarai, mas deu uma mensagem a Abraão para ser transmitido a ela. Qual o conteúdo dessa mensagem?

1. O novo nome (17:15). Assim como o Senhor havia trocado o nome de Abrão para Abraão, também trocou o nome de Sarai para Sara, cujo significado é "princesa". Um novo nome, com uma nova perspectiva de vida e com um novo futuro. Muito embora Sara tenha tido momentos de fraqueza, foi uma mulher de fé (Hebreus 11:11) e, também, um modelo para as mulheres cristãs (1Pedro 3:6).

2. A promessa (17:16). Deus promete abençoar Sara e por meio dela dar um filho a Abraão. Deus promete que ela se tornará nações; reis e povos procederão dela. Para uma mulher idosa e estéril esta é uma promessa fascinante.

3. A rendição (17:17). Esta é a segunda vez que Abraão se prostra neste episódio. Logo que Deus revelou-se a ele como o Todo-poderoso, fazendo com ele uma aliança e prometendo multiplicá-lo extraordinariamente (17:3) e, agora, quando Deus promete abençoar Sara e por meio dela lhe dar um filho, fazendo dela nações, uma vez que reis de povos procederiam dela.

4. A súplica (17:18). Abraão já convivia com seu filho Ismael há treze anos. O coração do velho patriarca estava apegado a esse filho. Então ele roga em favor de Ismael, fazendo a seguinte súplica: "Tomara que viva Ismael diante de ti". Waltke diz que Abraão reage não com alegria e celebração, mas com consternação; é uma complicação em sua vida.[18]

5. A resposta (17:20). A resposta de Abraão é comovente: "Quanto a Ismael, eu te ouvi: abençoá-lo-ei, fá-lo-ei fecundo e o multiplicarei extraordinariamente; gerará doze príncipes, e dele farei uma grande nação". Deus confirma com Abraão o que havia dito a Hagar no deserto (16:11,12). Ismael gerará uma nação, com doze tribos correspondentes às doze tribos de Israel (25:12-16).

Isaque, o herdeiro das promessas

Muito embora Deus, na sua misericórdia, tenha destinado bênçãos a Ismael, a bênção do Senhor, para suscitar uma descendência santa, que traria ao mundo a Escritura e o Messias, seria por intermédio de Isaque, o herdeiro das promessas.

Três verdades devem ser aqui destacadas:

[18] WALTKE, Bruce K. *Gênesis*. 2010, p. 320.

1. Isaque, o filho da promessa (17:19). Deus é categórico com Abraão, mostrando-lhe que o herdeiro da promessa não é o filho da escrava, mas o filho de Sara: "Deus lhe respondeu: De fato, Sara, tua mulher, te dará um filho, e lhe chamarás Isaque; estabelecerei com ele a minha aliança, aliança perpétua para a sua descendência".

2. Isaque, o filho do riso (17:19). O nome Isaque significa "riso". Isaque é o riso do milagre. É digno de nota que quando Abraão recebeu do Senhor a mensagem de que Sara lhe daria um filho, ele riu (17:17). O mesmo aconteceu com Sara (18:12). Abraão e Sara primeiro dão vazão à incredulidade com riso, mas quando Isaque nasceu Sara riu de alegria em meio à obra sobrenatural da graça (21:6). Então, o que parecia impossível, aconteceu, nasceu o "riso" para ressuscitar as esperanças do casal e para trazer a luz da esperança para sua posteridade.

3. Isaque, o beneficiário da aliança (17:19,21,22). Deus foi absolutamente claro que a sua aliança seria com Isaque, o filho que haveria de nascer de Sara dentro de um ano. Concordo com Derek Kidner quando diz que o absoluto direito de escolha que a Deus pertence confrontar-nos por toda parte no livro de Gênesis.[19] Deus escolhe Sem, Isaque, Jacó, Judá. Ele é soberano em sua escolha.

Dada a mensagem e dadas as instruções, Deus encerra a conversação (17:22). O Senhor elege Isaque movido

[19] KIDNER, Derek. *Gênesis: introdução e comentário.* 2006, p. 121.

pelo conselho de sua própria soberania. A raça escolhida do Senhor não procederá de uma geração natural, mas da graça sobrenatural no tempo designado (Romanos 9:6-9).

Capítulo 9

Abraão, o homem que recebeu a visita de Deus em casa

O episódio registrado neste texto ocorreu logo depois da aparição do Senhor a ele, mudando o seu nome. Abraão já tinha noventa e nove anos e, agora, nessa nova aparição, o Senhor vem acompanhado de dois anjos, um ano antes de Sara dar à luz. Uma vez que Isaque nasceu quando Abraão tinha cem anos, podemos saber que o ocorrido aqui aconteceu no mesmo período da outra aparição.

Vamos destacar algumas lições preciosas no texto em tela.

Abraão, o anfitrião

Abraão continua vivendo nos carvalhais de Manre, em Hebrom, quando mais uma vez o Senhor aparece a ele, na hora mais quente do dia, enquanto estava à entrada de sua tenda. Abraão levanta os olhos e vê três homens de pé diante dele. Ao vê-los, corre ao encontro deles, prostrando-se em terra. Trata-se aqui de uma teofania, uma aparição do Senhor.[1] Há autores que dizem que os três homens mensageiros são uma manifestação da própria Trindade, como defenderam alguns pais da igreja, Lutero e Hansjorg Braumer.[2] Porém, como podemos depreender de Gênesis 18:13,14,17,22 e 19:1, um dos três homens é o próprio Senhor Yahweh e os outros dois são anjos do Senhor (19:1). Bruce Waltke, nessa mesma linha de pensamento, diz: "Este é realmente o Senhor e dois anjos. A identificação posterior dos 'homens' (18:10,13,16,17,33; 19:1) confirma sua manifesta diferença".[3] Aquele que foi ordenado a andar na presença de Deus (17:1), agora é visitado por Ele (18:1,2).

Abraão reconhece que esses três homens não são homens comuns, por isso se prostra e logo se apressa em recebê-los, oferecendo-lhes uma fidalga hospitalidade beduína. A hospitalidade é parte importante da vida cristã (Romanos 12:13; 1Pedro 4:9). Ser hospitaleiro tornou-se um requisito para os líderes da igreja (1Timóteo 3:2; Tito 1:8).

É muito provável que o autor aos Hebreus estivesse se referindo a esta passagem quando escreveu: "Não

[1] LIVINGSTON, George H. *O livro de Gênesis.* Em Comentário bíblico Beacon. Vol. 1. 2015, p. 65.

[2] BRAUMER, Hansjorg. *Gênesis.* Vol. 1. 2016, p. 296.

[3] WALTKE, Bruce K. *Gênesis.* 2010, p. 326.

negligencieis a hospitalidade, pois alguns, praticando-a, sem o saber, acolheram anjos" (Hebreus 13:2). O Senhor Jesus, também, retrata essa possibilidade assim: "Porque tive fome, e me destes de comer; tive sede, e me destes de beber; era forasteiro, e me hospedastes" (Mateus 25:35). Os gestos de Abraão retratam sua alegria em receber o Senhor em sua casa, e ele imediatamente toma algumas atitudes. Vejamos:

1. Convida-os a ficar com ele (18:3). Esse foi o mesmo pedido que os dois discípulos de Emaús fizeram ao Cristo ressurreto (Lucas 24:29). Muitos hospedaram anjos sem saber, mas Abraão hospeda-os tendo consciência de quem eram.

2. Água para lavar os pés (18:4a). Esse era um gesto de cortesia oferecido aos hóspedes que andavam pelas estradas empoeiradas daquele tempo. No cenáculo, os discípulos de Jesus não se dispuseram a lavar os pés uns dos outros, entretanto Jesus fez da bacia e da toalha símbolos de serviço humilde em seu reino (João 13:4-15).

3. Repouso restaurador (18:4b). O hospedeiro gentil sempre providencia meios para que seus hóspedes tenham descanso restaurador. Abraão não fez diferente.

4. Refeição abundante (18:5-8). Abraão se apressa para oferecer aos seus hóspedes a melhor e a mais farta refeição, como é próprio dos beduínos. Como ele serviu aos seus hóspedes?

Primeiro, *serviu imediatamente* (18:4). Abraão não ignorou aqueles três homens, nem pediu que eles esperassem. Ele providenciou que os cuidados aos seus hóspedes fossem providenciados imediatamente após sua chegada. Abraão era um homem de fé e a fé não protela para servir ao Senhor.[4]

Segundo, *serviu pessoalmente* (18:5). Ele tinha muitos servos em sua casa, e mesmo sendo um ancião de noventa e nove anos, em vez de delegar essa honrosa missão aos seus subordinados, fez questão de servir seus hóspedes pessoalmente. Sabia que estava diante do Senhor e de seus anjos.

Terceiro, *serviu rapidamente* (18:6). Abraão tem pressa em servir. Ele colocou a casa inteira para correr com a sua agitação — ele vê, corre, se prostra, fala e serve. Ele quer oferecer o seu melhor e de forma mais rápida. Abraão foi ao encontro de seus visitantes (19:1), apressou-se para a tenda de Sara e pediu que ela fizesse pão (19:6). Correu ao gado, escolheu um novilho e deu-o ao criado, que se apressou em prepará-lo (19:7). Abraão só parou depois que havia servido seus visitantes (19:8).

Quarto, *serviu generosamente* (18:6-8). Abraão, na verdade, preparou um banquete. A provisão era muito mais farta do que a demanda exigia. Na sua farta refeição beduína tinha pão, carne do novilho mais tenro, coalhada

[4] WIERSBE, Warren W. *Comentário bíblico expositivo*. Vol. 1. 2006, p. 117.

e leite. Warren Wiersbe destaca que Abraão deu o melhor daquilo que tinha. Sara preparou o pão da "flor da farinha" (18:6), e o novilho era tenro e bom (18:7). Não ofereceu o resto como fizeram mais tarde os sacerdotes do tempo de Malaquias (Malaquias 1:6-14).[5]

Quinto, *serviu cooperativamente* (18:6,7). Abraão mobilizou toda a sua casa para preparar a refeição para seus hóspedes. Sara assou os pães, Abraão pessoalmente correu ao gado para escolher o novilho tenro e bom. O criado se apressou para preparar a carne e, sem dúvida, outros servos levaram a coalhada e o leite. Concordo com Warren Wiersbe, quando diz que servos dedicados ao Senhor incentivam e inspiram outros a servir a Deus.[6]

Sexto, *serviu humildemente* (18:2,3,5,8). Ele prostrou-se em terra diante de seus visitantes (18:2) e chamou a si mesmo de servo (18:3,5). Disse: "Traga-se um pouco de água" (18:4). Quanto ao banquete, disse tratar-se apenas de um "bocado de pão" (18:5). Abraão, pessoal e humildemente colocou toda essa provisão diante dos seus hóspedes e permaneceu de pé junto a eles enquanto comiam. Concordo com Hansjorg Braumer quando diz que

[5] WIERSBE, Warren W. *Comentário bíblico expositivo.* Vol. 1. 2006, p. 118.

[6] WIERSBE, Warren W. *Comentário bíblico expositivo.* Vol. 1. 2006, p. 118.

Abraão deseja diminuir ao máximo a impressão de que sua hospitalidade lhe traria incômodos.[7]

ABRAÃO, O MARIDO

A visita do Senhor e de seus anjos a Abraão tinha uma dupla finalidade: exercer graça na família de Abraão (18:9-15) e juízo às cidades ímpias de Sodoma e Gomorra (18:16-33).

Depois que terminaram a refeição, o Senhor revela a Abraão o propósito de sua visita. Tinham vindo para renovar, mais uma vez, a promessa de que Sara teria um filho.

Destacaremos aqui alguns pontos importantes:

1. Uma pergunta (18:9). "Então, lhe perguntaram: 'Sara, tua mulher, onde está?' Ele respondeu: 'Aí na tenda'". A pergunta é retórica. Eles sabiam o nome de Sara. Sabiam onde estava Sara. Sabiam o que estava no coração de Sara. Sabiam o que estavam a fazer por Sara. A razão da pergunta é que, de acordo com o costume, as mulheres do acampamento não se mostravam enquanto as visitas estivessem presentes.[8]

[7] BRAUMER, Hansjorg. *Gênesis*. Vol. 1. 2016, p. 297.

[8] LIVINGSTON, George H. *O livro de Gênesis*. Em Comentário bíblico Beacon. Vol. 1. 2015, p. 66.

2. Uma promessa (18:10). "Disse um deles: 'Certamente voltarei a ti, daqui a um ano; e Sara, tua mulher, dará à luz um filho'. Sara estava escutando, à porta da tenda, atrás dele". Na promessa não há dúvida. O tempo é definido. A pessoa contemplada é nomeada. O milagre é especificado. Waltke diz: "O Senhor pode prometer fielmente vida da esterilidade e da decadência".[9]

3. Uma realidade (18:11). "Abraão e Sara eram já velhos, avançados em idade; e a Sara já lhe havia passado o costume das mulheres". A corpo de Sara já estava morto para a maternidade e o corpo de Abraão também já estava amortecido. Como que por meio de uma ressurreição, Deus traz ao mundo Isaque, o filho da promessa (Romanos 4:19; Hebreus 11:11,12).

4. Uma reação (18:12). "Riu-se, pois, Sara no seu íntimo, dizendo consigo mesma: 'Depois de velha, e velho, também, o meu senhor, terei ainda prazer?'". Ambos, Abraão e Sara, inicialmente se riem incredulamente das promessas de Deus (17:17). O riso de Sara foi devido à completa impossibilidade de ser mãe, uma vez que isso não poderia ocorrer mais por meios naturais. A palavra hebraica, *balah*, "velha" é usada para roupas (Josué 9:13) ou para ossos envelhecidos (Salmos 32:3). Este é o único lugar em que é aplicado para uma mulher.[10]

[9] WALTKE, Bruce K. *Gênesis*. 2010, p. 327.

[10] BRAUMER, Hansjorg. *Gênesis*. Vol. 1. 2016, p. 299.

5. *Uma interpelação* (18:13). "Disse o Senhor a Abraão: 'Por que se riu Sara, dizendo: Será verdade que darei ainda à luz, sendo velha?'". Agora é expressamente o Senhor Yahweh que interpela Abraão sobre o riso incrédulo de Sara, sua mulher.

6. *Uma declaração* (18:14). "Acaso, para o SENHOR há coisa demasiadamente difícil? Daqui a um ano, neste mesmo tempo, voltarei a ti, e Sara terá um filho". Em face da incredulidade de Sara, o Senhor faz uma das mais fascinantes declarações acerca da onipotência divina. Para Ele não há coisa demasiadamente difícil. Para Ele não há impossíveis. Prova disso é que o ventre estéril e morto de Sara para a maternidade vai conceber e dar à luz ao filho da promessa. O mesmo Deus que leu os seus pensamentos, abriu a sua madre. Derek Kidner diz que este grande pronunciamento do Senhor mais tarde veio a ser o ponto de partida de um penetrante colóquio sobre a onipotência (Jeremias 32:17,27), e foi retomado em Zacarias 8:6.[11] Se alguém ainda precisa de provas de que o Senhor é onipotente, veja o que disseram Jó (Jó 42:2), Jeremias (Jeremias 32:17,27), o anjo Gabriel (Lucas 1:37) e o apóstolo Paulo (Efésios 3:21).

7. *Um confronto* (18:15). "Então, Sara, receosa, o negou, dizendo: 'Não me ri'. Ele, porém, disse: 'Não é assim, é certo que riste'". O medo concebeu a mentira

[11] KIDNER, Derek. *Gênesis: introdução e comentário.* 2006: p. 123.

e a mentira foi desmascarada pela onisciência divina. A Bíblia não disfarça os pecados de seus heróis e heroínas da fé.

ABRAÃO, O PROFETA

O Senhor e seus anjos, chamados aqui de "aqueles homens", deixam a casa de Abraão para a sua segunda missão, o juízo sobre a cidade de Sodoma. Abraão, o anfitrião, presta um último serviço: ele os acompanha no caminho que escolheram em direção a Sodoma.[12] É nessa conjuntura que o Senhor disse: "Ocultarei a Abraão o que estou para fazer, visto que Abraão certamente virá a ser uma grande e poderosa nação, e nele serão benditas todas as nações da terra?" (18:17,18).

Abraão é mais do que o detentor de uma grande promessa e o pai de uma grande nação. Ele é, também, um profeta de Deus. Por isso, o profeta Amós declara: "Certamente, o SENHOR Deus não fará coisa alguma, sem primeiro revelar o seu segredo aos seus servos, os profetas" (Amós 3:7). O Senhor revela a Abraão o agravamento do pecado de Sodoma e o juízo que está para derramar sobre aquela cidade ímpia.

[12] BRAUMER, Hansjorg. *Gênesis*. Vol. 1. 2016, p. 300.

ABRAÃO, O EDUCADOR DAS FUTURAS GERAÇÕES

Abraão é portador da promessa, fonte de bênção, confidente de Deus e mestre do povo. Deus o escolheu para que ele instruísse seus descendentes. Não há registro de uma escola em Israel antes do período intertestamentário; as famílias eram a fonte de toda a educação.

Deus tem um propósito para cada indivíduo na história. O propósito de Noé foi construir uma arca e livrar sua família da destruição do dilúvio, e por meio de seus filhos povoar novamente a terra. O propósito de Moisés foi libertar o povo de Israel da escravidão do Egito. O propósito de Josué foi introduzir o povo de Israel na terra prometida. O propósito de Davi foi edificar um grande reino. O propósito de Salomão foi construir o templo de Jerusalém. O propósito de João Batista foi preparar o caminho do Senhor, como seu precursor. O propósito de Paulo foi levar o evangelho até aos confins da terra.

Qual foi, entretanto, o grande propósito de Abraão, o pai da nação de Israel e o pai dos crentes? Aqui está a resposta: "Porque eu o escolhi para que ordene a seus filhos e a sua casa depois dele, a fim de que guardem o caminho do SENHOR e pratiquem a justiça e o juízo; para que o SENHOR faça vir sobre Abraão o que tem falado a seu respeito" (18:19). Quando Isaque nasceu, Abraão tinha cem anos. Quando Isaque casou-se, Abraão tinha cento e quarenta anos. Quando os netos de Abraão, Esaú e Jacó, nasceram, Abraão tinha cento e sessenta anos. Abraão morreu com cento e setenta e cinco anos. Portanto, ele conviveu com os netos apenas quinze anos. Mas, como podemos entender que ele foi escolhido por Deus para ordenar a seus filhos e a sua casa depois dele para guardarem o caminho do Senhor e praticarem a justiça e o juízo? A resposta está na carta aos Hebreus:

> Por isso, também de um, aliás já amortecido, saiu uma posteridade tão numerosa como as estrelas do céu e inumerável como a areia que está na praia do mar. Todos esses morreram na fé, sem ter obtido as promessas; vendo-as, porém, de longe, e saudando-as, e confessando que eram estrangeiros e peregrinos sobre a terra (Hebreus 11:12,13).

Abraão comprometeu-se com as futuras gerações, a fim de que elas guardassem o caminho do Senhor e praticassem a justiça e o juízo. Precisamos de pais que se comprometam com as futuras gerações (Salmos 78:3-8) e que não sejam como Ezequias, que não colocou sua casa em ordem nem investiu na vida de seu filho Manassés (2Reis 20:12-21; 21:1-9).

Abraão, o intercessor

O Abraão hospedeiro, marido, profeta e pedagogo, agora é o Abraão intercessor. Ele conhece o poder da intercessão e por isso luta com Deus. Henry Morris diz que temos neste episódio o mais notável exemplo de oração intercessória na Bíblia.[13] Seu nome pode ser visto ao lado de grandes intercessores como Moisés, Samuel, Elias, Jeremias, Daniel, os apóstolos e o próprio Senhor Jesus. Diante do iminente juízo lavrado sobre Sodoma, ele que já lutara para salvar seu sobrinho da invasão da cidade, agora ora para que as cidades de Sodoma e Gomorra, e por conseguinte seu sobrinho, sejam poupados. Warren Wiersbe diz que Abraão sentia um peso no coração por Ló e sua família, bem como pelos pecadores perdidos das cinco cidades da planície, e precisa compartilhar esse peso com o Senhor.[14]

Destacamos aqui sete pontos importantes:

1. O agravamento do pecado (18:20). Os pecados das duas cidades principais situadas às margens do mar Morto, Sodoma e Gomorra, haviam se multiplicado e se agravado muito. Aquelas cidades eram extremamente perversas (13:13), pois seus habitantes eram dados às práticas sexuais contrárias à natureza (19:5; Judas 7; Romanos 1:27). Os homens não tentaram esconder seus pecados

[13] MORRIS, Henry M. *The Genesis Record.* 2006, p. 343.

[14] WIERSBE, Warren W. *Comentário bíblico expositivo.* Vol. 1. 2006, p. 119.

(Isaías 3:9) nem se arrependeram deles (Jeremias 23:14).[15] Derek Kidner diz que "o clamor de Sodoma e Gomorra" pode significar o brado contra ela ou simplesmente o mal gritante do lugar.[16] Essa palavra é um termo técnico da linguagem judicial, que designa o pedido de socorro emitido por alguém cujos direitos estão sendo violentamente desrespeitados. Deus então ouve o grito dos violentados e interfere como juiz.[17]

2. A investigação realizada (18:21). A interferência começa com uma investigação, um inquérito judicial, a respeito da veracidade das queixas.[18] Deus como o reto juiz não pune o inocente nem inocenta ao culpado. Os pecados de Sodoma e Gomorra são averiguados e constatados. Waltke, nessa mesma linha de pensamento, diz que a expressão "descerei para ver" é a forma figurada de o narrador dizer que Deus investiga sempre e plenamente o crime antes de lavrar a sentença (3:11-13; 4:9-12; 11:5).[19] Nas palavras de Livingston, "Deus não executa julgamentos baseado em rumores".[20]

[15] WIERSBE, Warren W. *Comentário bíblico expositivo.* Vol. 1. 2006, p. 119.

[16] KIDNER, Derek. *Gênesis: introdução e comentário.* 2006, p. 123.

[17] BRAUMER, Hansjorg. *Gênesis.* Vol. 1. 2016, p. 302.

[18] BRAUMER, Hansjorg. *Gênesis.* Vol. 1. 2016, p. 302.

[19] WALTKE, Bruce K. *Gênesis.* 2010, p. 329.

[20] LIVINGSTON, George H. *O livro de Gênesis.* Em Comentário bíblico Beacon. Vol. 1. 2015, p. 67.

3. O intercessor permanece na presença do Senhor (18:22). A ação dos hóspedes de Abraão começa e termina com esperança e vida para Abraão e Sara, e juízo e morte para o povo de Sodoma e Gomorra. Enquanto os dois anjos saem da casa de Abraão rumo a Sodoma, o patriarca permanece na presença do Senhor. Ele tem uma causa a defender. Tem uma súplica a pleitear. Ele precisa se agarrar ao Senhor parar orar fervorosamente em favor dos justos.

4. O intercessor apela para o caráter justo de Deus (18:23,25). Abraão compreende que Deus não pode negar a si mesmo nem agir contra seus próprios atributos. Por ser justo, Deus não pode condenar o justo com o ímpio, como se o justo fosse igual ao ímpio. Sua intercessão está baseada na justiça de Deus. Abraão propõe que o futuro de todos seja determinado não pelos perversos no seio da comunidade, mas pelos justos.

5. O intercessor insiste com Deus (18:24-32). Abraão apresenta seis pedidos a Deus. Começou perguntando se o Senhor pouparia a cidade se tivesse cinquenta justos nela (18:24-26). Depois baixou o número para quarenta e cinco (18:27,28). Em seguida, para quarenta (18:29). Insistiu com trinta (18:30), com vinte (18:31) e, por fim, com dez (18:32), o menor número a designar um grupo. A petição de Abraão encontra seu limite natural no número dez. Então, ele para de pedir. Destacamos que, às insistentes petições de Abraão, o Senhor responde favoravelmente a todas. Braumer diz, com razão, que as orações de Abraão não ficam sem resposta. Deus responde a cada um dos seis pedidos de Abraão. Essa condescendência de Deus é a base de todas as respostas às nossas orações.[21]

6. O intercessor demonstra ousadia e humildade (18:27). Abraão é ousado ao atrever-se em falar insistentemente com Deus, mas ao mesmo tempo reconhece que é pó e cinza. Como diz Braumer, ele não exige nada de Deus. Seus pedidos são submissos, apresentados a Ele com o coração muito dolorido, por isso pede várias vezes: "Não se ire o SENHOR".

7. O intercessor se rende ao propósito soberano de Deus (18:33). Abraão cessa de falar, o Senhor se retira e ele volta para o seu lugar. As cidades iníquas tinham ido longe demais para serem poupadas. Ali não se viu qualquer sinal de arrependimento. O juízo tornara-se inevitável. Warren Wiersbe diz que a destruição repentina de Sodoma e Gomorra é usada nas Escrituras como exemplo do julgamento justo de Deus sobre os pecadores (Isaías 1:9; 3:9; Lamentações 4:6; Sofonias 2:9; 2Pedro 2:6) e, Jesus a usou como advertência ao povo no fim dos tempos (Lucas 17:28-32).[22]

[21] BRAUMER, Hansjorg. *Gênesis*. Vol. 1. 2016, p. 306.

[22] WIERSBE, Warren W. *Comentário bíblico expositivo*. Vol. 1. 2006, p. 119.

Capítulo 10

Abraão, o homem que rebocou o sobrinho Ló

Ló, filho de Harã, sobrinho de Abraão, mais do que um personagem histórico, é um emblema, um símbolo de um crente a reboque, que enquanto viveu à sombra do tio caminhou em segurança. Ló o acompanha desde Ur dos caldeus. Aonde ele vai, Ló vai atrás. Abraão andava com Deus. Ló vivia à sombra do tio (11:31; 12:4; 13:1; 13:5).

Abraão levanta altares a Deus; Ló nunca levantou um altar a Deus. Aliás, Ló armava suas tendas para Sodoma. Você vê o veleiro com as velas enfunadas? Vê a canoa que lhe está presa? Ela não faz esforços, deixa-se puxar, sem lutar contra as forças das ondas. Segue no rastro de seu "trator". Por pouco não se gloria de avançar tão bem como o outro. O primeiro barco me faz pensar em Abraão, o segundo, em Ló.

Ló é o retrato de um crente rebocado. Cortada a amarra que liga os dois botes, um prossegue em sua corrida, o outro avança ainda um pouco sob o impulso, depois para, entregue apenas ao sabor das ondas.

Triste imagem do Ló moderno: por tanto tempo "puxado" e rebocado por um cônjuge fiel, por pais piedosos. Se é privado desse convívio, perde o entusiasmo, cede logo ao desânimo, abandona finalmente a corrida. Quando Ló ficou sozinho, ele foi em direção a Sodoma. Ali afligiu a sua alma. Ali mergulhou sua família num lugar tenebroso.

O texto em apreço apresenta várias comparações e contrastes entre Ló e Abraão:[1]

Primeiro, Abraão promete aos visitantes um bocado de pão, mas oferece um pródigo e farto banquete; Ló promete um banquete aos convidados, mas só oferece pão.

Segundo, depois da refeição oferecida por Abraão, os visitantes perguntam sobre Sara; depois da refeição de Ló, os visitantes perguntam se ele tem alguns parentes adicionais além daqueles na casa.

Terceiro, Sara ri quando escuta os mensageiros; os genros de Ló pensaram que ele estava gracejando.

Quarto, enquanto Abraão corria para servir a seus hóspedes; os homens de Sodoma correm para abusar dos hóspedes de Ló.

Quinto, a incredulidade de Sara foi um incidente na vida de uma mulher que exibiu sua fé e piedade chamando seu esposo de "meu senhor" (1Pedro 3:1-6); a incredulidade da mulher de Ló faz dela uma estátua de sal.

[1] WALTKE, Bruce K. *Gênesis*. 2010, p. 334,335.

Sexto, Abraão é aprovado como anfitrião, marido, profeta, educador e intercessor; Ló falha como anfitrião, como cidadão, como esposo e como pai.

Vamos examinar a passagem em tela, observando sete aspectos da vida de Ló.

LÓ, CIDADÃO DE SODOMA

Ló amou Sodoma antes de ir armando sua tenda para as bandas daquela cidade iníqua. Não somente cobiçou a cidade, mas passou a morar nela. Levou sua família pra lá. Deixou de ser um peregrino para estabelecer-se na cidade do pecado. Tornou-se um cidadão de Sodoma, pois como um juiz da cidade estava à sua porta, onde os assuntos eram tratados (Rute 4:1-12). Waltke diz que o portão era o símbolo físico de autoridade e poder coletivos. A presença de Ló aqui sugere que, politicamente, ele se tornara um dos cidadãos, se não um líder entre eles.[2]

Mesmo sendo sequestrado pelos reis do norte e resgatado pelo tio Abraão, retornou para a cidade que não tinha limites em seu açodamento no pecado.

Ló vai criando raízes em Sodoma. Agora já faz parte da estrutura da cidade, sendo juiz. Suas filhas namoram com jovens dali. Sua mulher ama as riquezas e o pecado locais. O coração da família de Ló está em Sodoma.

[2] WALTKE, Bruce K. *Gênesis*. 2010, p. 337.

Ló torna-se juiz da cidade, mas não a influencia (19:1), a despeito de não apreciar os seus costumes (2Pedro 2:7,8). Derek Kidner diz que seu fracasso público deve ser contrastado com a carreira de José e Daniel, cujo alto cargo foi uma vocação.[3]

Poderíamos pensar: "Que bênção!" Ló está prosperando. Ele tem projeção na cidade. Exerce uma função de prestígio, mas ele não influencia, ele não testemunha, ele não faz diferença. O clamor da cidade aumenta, bem como seu pecado. Ló não ora, não intercede, não testemunha. Ele se mistura. Está anestesiado espiritualmente. Não se apercebe que o juízo de Deus está prestes a cair sobre a cidade. Ele é um crente acomodado, dormindo o sono da morte entre os mortos espirituais.

LÓ, ANFITRIÃO DOS MENSAGEIROS DO JUÍZO

Os dois anjos do Senhor, em figura humana, entraram na cidade de Sodoma ao anoitecer. Quando Ló os viu, levantou-se da porta da cidade e foi ao encontro deles e prostrou-se com o rosto em terra (19:1). Ele tinha uma percepção de que não eram homens comuns. Ló convidou-os para passar a noite em sua casa, mas os anjos não aceitaram a sua hospedagem, afirmando que passariam a noite na praça (19:2). Depois que Ló instou muito com

[3] KIDNER, Derek. *Gênesis: introdução e comentário.* 2006, p. 124.

eles, entraram em sua casa e Ló ofereceu-lhes um banquete, com pães asmos.

Alguns estudiosos defendem que Ló os acolheu porque sabia da depravação dos homens da cidade. Ele já antevia o que poderia acontecer se aqueles dois estranhos passassem a noite na praça. Embora o texto afirme que Ló deu a eles um banquete, fica evidente que ficou longe da mesa beduína farta que Abraão lhes ofereceu em Manre.

LÓ, DESRESPEITADO PELOS SODOMITAS

Ló vive uma vida dupla. Quando os anjos de Deus chegam: "ele se prostra com o rosto em terra". Quando os libertinos e devassos sodomitas cercam a sua casa, para abusarem de seus hóspedes, ele os chama de "meus irmãos". Ló quer ficar bem dos dois lados. Mas os sodomitas descobrem a hipocrisia de Ló e o chamam de "estrangeiro". Ló os chama de "irmãos", mas eles o chamam de "estrangeiro". Triste coisa é fazer concessão com o mundo. O mundo tem faro. A Pedro disseram: "Verdadeiramente, és também um deles, porque o teu modo de falar o denuncia" (Mateus 26:73).

Os homens de Sodoma, velhos e jovens, cercaram a casa de Ló naquela noite com o propósito de abusar sexualmente dos visitantes. A decadência moral de Sodoma era terrível: a) antinatural (Romanos 1:26,27); b) desavergonhada (em público); c) violenta (querem abusar dos estrangeiros); d) obstinada (mesmo depois de cegos procuram a porta para atacar Ló); e) generalizada (velhos e moços).

George Livingston diz que aquela multidão estava inflamada por luxúria bestial. O famoso pecado da cidade estava se mostrando em toda sua feiura. Os homens queriam que os estranhos lhes fossem entregues para praticarem atos homossexuais com eles, pecado que veio a ser conhecido por sodomia.[4] Hansjorg Braumer chama a atenção para o fato de que a casa de Ló foi atacada não por uma gentalha estranha. Eram os nativos, os homens de Sodoma, velhos e jovens, homens de todo nível social.[5]

Derek Kidner diz que o pecado de sodomia é estigmatizado como particularmente odioso. A lei haveria de fazer dele um crime capital, incluído ao lado do incesto e da bestialidade (Levítico 18:22; 20:13), e o Novo Testamento mostra igualmente sua repulsa quanto a isso (Romanos 1:26,27; 1Coríntios 6:9; 1Timóteo 1:10).[6]

William MacDonald trata deste mesmo assunto com estas palavras:

> Deus condena o pecado do homossexualismo tanto no Antigo Testamento (19:1-26; Levítico 18:22;

[4] LIVINGSTON, George H. *O livro de Gênesis.* Em Comentário bíblico Beacon. Vol. 1. 2015, p. 67.

[5] BRAUMER, Hansjorg. *Gênesis.* Vol. 1. 2016, p. 307.

[6] KIDNER, Derek. *Gênesis: introdução e comentário.* 2006, p. 124,125.

20:13) como no Novo Testamento (Romanos 1:24-28; 1Coríntios 6:9; 1Timóteo 1:10). Ele mostrou sua ira contra esse pecado, destruindo as cidades de Sodoma e Gomorra. Sob a lei de Moisés, a sodomia era punida com morte. Aqueles que vivem na prática do homossexualismo não herdarão o reino de Deus (1Coríntios 6:9). Aqueles que vivem na prática desse pecado pagarão um alto preço. O apóstolo Paulo diz que eles receberão em si mesmos a merecida punição do seu erro (Romanos 1:27). Mas como qualquer outro pecado, a prática do homossexualismo também pode ser perdoada. Essas pessoas podem ser salvas, arrependendo-se e crendo em Jesus Cristo como Salvador pessoal (1Coríntios 6:10).[7]

Destacamos aqui alguns pontos:

1. Uma sociedade completamente rendida à devassidão (19:4). Os homens velhos e jovens de Sodoma estavam num estágio tão avançado de sua depravação moral que se ajuntam de todos os lados para cercarem a casa de Ló com propósitos libidinosos.

2. Uma sociedade completamente rendida à violência sexual (19:5). Os homens de Sodoma não respeitaram a privacidade do lar de Ló, não respeitaram o direito sagrado das pessoas irem e virem, não respeitaram a honra

[7] MACDONALD, William. *Believer's Bible Commentary*. 1995, p. 56.

dos indivíduos. Por isso, queriam promover publicamente um espetáculo horrendo de sua sexualidade depravada. Braumer diz que eles, como animais selvagens, tinham ido atrás dos hóspedes de Ló. Comportavam-se como um bando desenfreado e selvagem: ávidos como hienas atrás de um pedaço de carne.[8]

3. Uma sociedade completamente rendida à falta de valores morais (19:6-8). Ló demonstra sua fraqueza moral, quando chama os sodomitas de "meus irmãos" e quando tenta pacificá-los, fazendo uma proposta indecorosa e desesperada de entregar suas filhas virgens para serem abusadas sexualmente por eles. Ló tenta evitar um desatino com outro maior ainda. Em vez de proteger suas filhas dos depravados arruaceiros, capitula-se ao relativismo moral da cidade.

4. Uma sociedade completamente rendida aos seus apetites bestiais (19:9). Os homens de Sodoma se voltam contra Ló para abusar dele e romper-lhe a porta. O desejo dos homens de Sodoma era, nitidamente, uma "tentativa de cometer imoralidade homossexual". Braumer diz que exegetas homótropos tentam dessexualizar o pecado dos sodomitas, interpretando a palavra "conhecer", *jada'*, da forma convencional, como "encontrar alguém pela primeira vez". O termo *homotropia* significa "estar direcionado para o mesmo lado" (grego: *homoion* = igual; *tropon* = direcionamento). De forma correspondente, a atração

[8] BRAUMER, Hansjorg. *Gênesis.* Vol. 1. 2016, p. 310.

sexual entre sexos diferentes é chamada de *heterotropia* (grego: *heteron* = diferente). As duas situações, tanto a homotrópica quanto a heterotrópica, envolvem três níveis: o pessoal, o erótico e o sexual. Na homotropia, o nível pessoal é a homofilia, o nível erótico é o homoerotismo, e o nível sexual é a homossexualidade. O termo homotropia abrange tanto o relacionamento entre dois homens quanto entre duas mulheres.[9]

5. Uma sociedade que não se emenda nem mesmo com o juízo divino (19:10,11). Os homens de Sodoma, mesmo feridos de cegueira pelos anjos do Senhor, não desistiram de sua paixão desenfreada. A palavra hebraica empregada com o sentido de "cegueira", *sagar,* provavelmente indica um estado de ofuscação, como o de Saulo no caminho de Damasco. A mesma palavra reaparece em 2Reis 6:18, também num contexto de anjos.[10] Braumer diz que essa palavra descreve uma falha temporária de visão. Portanto, os sodomitas que atacaram a casa de Ló não ficaram permanentemente cegos, mas ofuscados, confusos. Eles se limitaram a ficar tateando, sem encontrar a porta, e, por fim, foram embora.[11]

[9] BRAUMER, Hansjorg. *Gênesis.* Vol. 1. 2016, p. 308.

[10] KIDNER, Derek. *Gênesis: introdução e comentário.* 2006, p. 125.

[11] BRAUMER, Hansjorg. *Gênesis.* Vol 1. 2016, p. 309.

LÓ, ADVERTIDO PELOS ANJOS

Os anjos de Deus alertam Ló sobre a necessidade urgente de comunicar aos membros de sua família para saírem da cidade, pois eles iriam destruí-la.

Destacaremos alguns pontos:

1. A família precisa sair da cidade da destruição (19:12). Deus deseja salvar toda a família. A misericórdia de Deus se revela a Ló, dando-lhe a oportunidade de tirar sua família da cidade da destruição. Não há segurança no pecado. Não há livramento permanecendo em Sodoma. Sair desse lugar é a única possibilidade de livramento. Ló, porém, torna-se juiz da cidade, mas não é sacerdote do seu próprio lar. Ló era homem de projeção, cuidava dos problemas dos outros; mas não orava com sua família nem ensinava-lhe as coisas de Deus.

2. O pecado sem arrependimento acarreta juízo inevitável (19:13). O pecado de Sodoma não era apenas degradante, mas também ascendente. Esse açodamento no pecado faz com que Deus envie seus anjos para destruir a cidade.

3. Um testemunho frágil não produz impacto (19:14). Ló, mesmo sendo um homem justo, tinha um testemunho frágil. Abraão mandou buscar uma esposa para Isaque entre seu povo. Ló entregou suas filhas para casarem-se com jovens sodomitas. Seus genros não acreditaram em suas palavras nem atenderam à sua voz. Ló prega para os genros, mas não vive o que prega. Manda-os sair da cidade condenada, mas ele mesmo está agarrado a ela. Só sai rebocado!

LÓ, REBOCADO PELOS ANJOS

Tudo o que Ló tem está em Sodoma. Seu coração está apegado à cidade. Ele hesita em sair dali. Os anjos de Deus chegam em Sodoma para destruí-la porque lá não havia sequer dez justos. Os anjos apressam Ló, mas ele demora. Os anjos o arrastam, o despejam, o tiram à força da cidade condenada. E quando já estavam fora dela, um anjo lhe disse: "Livra-te, salva a tua vida, não olhes para trás, nem pares em toda a campina; foge para o monte, para que não pereças" (19:17).

Não havia segurança para Ló onde ele estava. Assim também se você não sair da sua Sodoma, se não deixar o seu pecado, se não se converter, irá perecer. Não há segurança para você em seus pecados não perdoados. Não há esperança para você. Você foge deste mundo tenebroso, da ira vindoura, ou, então, você morrerá nos seus pecados. Não há segurança para você nos seus pecados não abandonados. A alternativa que lhe resta é se arrepender e viver; ou não se arrepender e morrer. Não há salvação para o bêbado se ele não deixar a bebida. Não há salvação para o impuro, se ele não deixar a impureza. Não há salvação para o mentiroso, se ele não abandonar a mentira.

Se Ló está para ser salvo, ele deve sair da cidade condenada a toda pressa. Ele precisa deixar seus antigos companheiros, seus antigos confortos. Ele não pode parar para argumentar. Ficar em Sodoma é perder tudo: os bens, a família, os amigos, a própria vida. Ficar em Sodoma é perecer depois de ter sido avisado. A mensagem para Ló veio na última hora. Naquela mesma manhã que saiu da cidade, ela foi destruída pelo fogo de Deus. Mais um dia em Sodoma e seria tarde demais!

Ló só saiu de Sodoma rebocado, à força, na marra. Seu coração ficou lá, porque lá estavam os seus tesouros. Seus bens pereceram lá. Seus amigos pereceram lá. Seus genros pereceram lá. Sua mulher olhou para trás e foi transformada numa estátua de sal. Ló saiu de Sodoma na última hora. Foi salvo com cheiro de fumaça.

Destacaremos alguns pontos:

1. *Os anjos apressam Ló enquanto ele se demora* (19:15,16a). Oh, quão terrível é a possibilidade de o homem demorar-se no pecado e adiar a mais urgente e necessária decisão da vida!

2. *Os anjos arrancam Ló à força juntamente com sua mulher e filhas* (19:16b). Deus não castiga os justos juntamente com os perversos. Muito ao contrário, Ele poupa os perversos por causa dos justos.[12]

3. *Os anjos dão instruções sobre a urgência da saída* (19:17). "Havendo-os levado fora, disse um deles: 'Livra-te, salva

[12] WALTKE, Bruce K. *Gênesis*. 2010, p. 344.

a tua vida; não olhes para trás, nem pares em toda a campina; foge para o monte, para que não pereças'". Livra-te + salva tua vida + não olhes para trás + nem pares em toda a campina + foge para o monte, para que não pereças. As instruções do anjo são claras, urgentes e necessárias.

4. Ló, tomado de medo, tenta mudar a orientação dos anjos (19:18-22). Ló se sentia mais seguro dentro da cidade do que fora dela com Deus. O medo de Ló ilustra a irracionalidade da descrença. Deus enviara seus anjos para que resgatassem Ló, e este tem medo de não ser protegido.[13]

LÓ, POUPADO DA DESTRUIÇÃO

Tendo Ló chegado em Zoar, o Senhor mesmo fez chover enxofre e fogo sobre Sodoma e Gomorra. As cidades e todas as coisas que nelas existiam foram subvertidas. Com isso aprendemos lições solenes:

1. O Deus da graça é também o Deus do juízo (19:23-25). Deus fez chover enxofre e fogo sobre Sodoma e Gomorra e elas foram subvertidas. Derek Kidner diz que os elementos naturais da destruição eram abundantes nessa região de petróleo, betume, sal e enxofre; mas sua natureza foi de um julgamento, não de uma desgraça casual.[14]

[13] WALTKE, Bruce K. *Gênesis.* 2010, p. 340.

[14] KIDNER, Derek. *Gênesis: introdução e comentário.* 2006, p. 126.

Nessa mesma linha de pensamento, Bruce Waltke diz que, cientificamente, o fogo e a destruição cataclísmica de Sodoma e Gomorra podem ser explicados por um terremoto. Calor, gases, enxofre e betume teriam sido espalhados no ar por meio de fissuras formadas durante um violento abalo sísmico (14:10). Os relâmpagos que frequentemente acompanham um terremoto teriam inflamado os gases e o betume.[15] Braumer ainda corrobora ao escrever:

> Pela descrição, a catástrofe era um terremoto tectônico. Gases (enxofre), betume e petróleo jorraram para a superfície. Uma fagulha que acendesse esses minerais, poderia em questão de segundos, facilmente incendiar toda a atmosfera acima das fendas abertas. Até hoje é possível encontrar traços desta catástrofe na beira do mar Morto, na forma de depósitos de betume e enxofre. Eles apontam para o fato de que, no passado, houve ali um incêndio alimentado por gases subterrâneos.[16]

Sodoma e Gomorra tornaram-se proverbiais para o juízo de Deus na época dos patriarcas. O motivo era a maldade generalizada. Além da tentativa de estupro homossexual contra os mensageiros de Deus (19:1-25), em Sodoma havia também violência social (Isaías 1:10), adultério, mentira e encorajamento aos malfeitores (Jeremias

[15] WALTKE, Bruce K. *Gênesis.* 2010, p. 341.

[16] BRAUMER, Hansjorg. *Gênesis.* Vol. 1. 2016, p. 312.

23:14), soberba, fartura e próspera tranquilidade (Ezequiel 16:49).

2. O pecado da desobediência produz morte inevitável (19:26). A mulher de Ló tinha seu coração em Sodoma e, por isso, desobedecendo a ordem expressa dos enviados de Deus, olhou para trás e foi transformada numa estátua de sal, em um monumento da desobediência. Concordo com Hansjorg Braumer quando diz que a mulher de Ló não sofreu uma morte lendária. Seu corpo foi coberto por uma crosta de enxofre, betume e sal. Ela literalmente se transformou numa estátua de sal (Lucas 9:62).[17]

3. Deus salva Ló por causa de sua misericórdia e por causa das orações de Abraão (19:16,27-29). Ló é rebocado de Sodoma por causa da misericórdia de Deus e das orações de seu tio. No capítulo 14, Abraão o salva pela espada. No capítulo 19, Abraão salva Ló pela oração. Enquanto você lê este livro, seus pais, seu cônjuge, seus filhos e seus amigos estão orando por você.

LÓ, PAI DE DUAS NAÇÕES ÍMPIAS

O caminho descendente de Ló levou-o para uma caverna. Isto é o oposto da prosperidade e prospectos de Ló em Gênesis 13:1-13. Marcado pelo medo, não quis ir para o monte (19:17), mas sim para a cidade de Zoar (19:22). Agora com medo da cidade, habita numa caverna

[17] BRAUMER, Hansjorg. *Gênesis*. Vol. 1. 2016, p. 311.

(19:30). A intranquilidade do medo tem exemplo clássico na atitude de Ló para com Zoar. O medo o levara para lá (19:19); o medo cego o tira de lá (19:30).

Enquanto Abraão ensinará os seus filhos a guardarem o caminho do Senhor (18:19), Ló, embriagado por suas filhas (a primogênita e a caçula), sem o saber, comete incesto e coabita com elas, suscitando uma descendência ímpia. Ele torna-se pai de seus netos e avô de seus filhos. Da relação incestuosa com suas filhas, nasce duas nações ímpias: Moabe e Amom, que estavam destinadas a contribuir com a pior sedução carnal ocorrida na história de Israel (a de Baal-Peor), conforme registrado em Números 25, e com a mais brutal perversão religiosa (a de Moloque), conforme registrado em Levítico 18:21).

Bruce Waltke corrobora dizendo que as filhas de Ló agem pelo impulso da imoralidade de Sodoma, e seus descendentes seguem na mesma esteira dessa imoralidade sexual.[18] Por graça de Deus, da descendência de Moabe, vem Rute, e desta, Obede, pai de Jessé, pai de Davi, e da descendência de Davi, nasce Jesus, o Messias.

Tudo aquilo em que Ló investiu sua vida, pereceu: Todos os seus bens pereceram. Ló não salvou nem sequer um cabrito. Péssimo investimento para quem colocou o seu coração na riqueza da terra e não ajuntou tesouros no céu. A família de Ló terminou em grande tragédia:

[18] WALTKE, Bruce K. *Gênesis.* 2010, p. 343.

sua mulher virou uma estátua de sal. Seus genros viraram cinza e pereceram no juízo da cidade. Suas filhas tornaram-se suas mulheres. Sua descendência, os moabitas e os amonitas, foi um pesadelo ao longo dos séculos para o povo de Deus. Prostraram-se diante de deuses falsos. Triste herança para um crente rebocado, que amou o mundo e perdeu tudo, exceto a salvação, por causa da misericórdia de Deus.

Capítulo 11

Abraão, o homem que reincidiu no erro

Depois de quase vinte anos que Abraão morava em Manre, aos noventa e nove anos de idade, resolve mudar-se para Gerar com Sara, sua mulher. Não há qualquer registro dos motivos dessa mudança. Talvez porque das alturas de Hebrom Abraão pudesse avistar a grande devastação ocorrida em Sodoma e Gomorra, na região sul do mar Morto. Talvez o pesar com o triste fim de seu sobrinho Ló. Ou, ainda, os possíveis comentários negativos entre os cananitas acerca do que acontecera a seu sobrinho. O certo é que Abraão toma a decisão de sair de Manre, dentro do mesmo ano em que o filho da promessa nasceria, conforme promessa do Senhor (18:10).

Destacamos alguns pontos importantes na exposição do texto em tela.

Abraão, o nômade

Abraão é um homem rico, mas nômade. É um peregrino. Uma espécie de forasteiro em terra estranha. Agora, ele sai de Manre para a terra do Neguebe, para habitar entre Cades e Sur, passando a morar em Gerar. Abraão se estabelece num oásis, no extremo sul de Canaã e se estabelece nas pastagens régias ao redor de Gerar, entre o oásis em Cades e o muro de defesa egípcia em Sur. Naquele tempo Gerar era a cidade capital dos filisteus, próxima à borda do Egito. Era uma cidade próspera, que controlava as rotas lucrativas das caravanas.[1]

Destacamos aqui dois pontos:

1. Os motivos de sua mudança para Gerar (20:1). Gerar era uma cidade rica, governada por um rei poderoso. O que Abraão buscava: Segurança? Novos ares? Riquezas? Alívio das tensões entre os cananitas? Apagar as memórias tristes acerca de Ló? Há muitas especulações, mas nenhuma garantia. As motivações de Abraão são desconhecidas para nós.

2. As estratégias perigosas em Gerar (20:2). Abraão torna-se reincidente na prática da mentira e repete o mesmo pecado que havia cometido no Egito, reagindo novamente pelo medo e não pela fé. Ele mente acerca de sua mulher e de sua relação conjugal. Essa mentira não era casual, mas um ato planejado e acordado entre ele e Sara (20:13). É oportuno ressaltar que não é pelo simples fato de o casal estar em acordo que estão certos. Cumplicidade não é virtude, mas pecado. Ananias e

[1] MORRIS, Henry M. *The Genesis Record.* 2006, p. 360.

Safira também estavam de acordo quando mentiram ao Espírito Santo (Atos 5:1-11). A mentira do casal levou Sara para o harém de Abimeleque. Derek Kidner diz que à beira da história do nascimento de Isaque, aqui está a própria promessa posta em perigo, em troca de segurança pessoal. Se há de cumprir-se algum dia, muito pouco se deverá ao homem. Moralmente, bem como fisicamente, é evidente que terá de ser realizada pela graça de Deus.[2]

Abimeleque, o advertido por Deus

De acordo com as leis daquela época, o rei podia levar para seu harém qualquer mulher não casada de suas terras.[3] Como Sara continuava linda apesar dos seus noventa anos de idade (12:14), ela vai parar exatamente no harém desse poderoso rei, em virtude da mentira de Abraão. O próprio Deus corrige o pecado contumaz de Abraão e evita uma tragédia, ao revelar-se em sonhos ao rei de Gerar.

Destacamos aqui cinco pontos importantes:

1. Deus restabelece a verdade acerca de Sara (20:3). "Deus, porém, veio a Abimeleque em sonhos de noite e lhe disse: 'Vais ser punido de morte por causa da mulher

[2] KIDNER, Derek. *Gênesis: introdução e comentário.* 2006, p. 128.

[3] BRAUMER, Hansjorg. *Gênesis.* Vol. 2. 2016, p. 317.

que tomaste, porque ela tem marido'". Deus expõe a Abimeleque a mentira de Abraão acerca de Sara e ameaça puni-lo de morte por havê-la tomado para seu harém.

2. Abimeleque apresenta sua defesa diante de Deus (20:4). Abimeleque não havia possuído ainda Sara. Ele pleiteia sua inocência, ressaltando o caráter justo de Deus.

3. Abimeleque acusa Abraão e Sara diante de Deus (20:5). "Não foi ele mesmo quem me disse: 'É minha irmã?' E ela também me disse: 'Ele é meu irmão'. Com sinceridade de coração e na minha inocência, foi que eu fiz isso". Abraão e Sara eram cúmplices na mentira. Nesse quesito Abraão e Sara eram culpados e Abimeleque, inocente.

4. Deus isenta Abimeleque de culpa (20:6). Deus aceita a defesa de Abimeleque e afirma sua inocência nesse imbróglio familiar. Por isso, não o permitiu pecar contra o Senhor nem tocar em Sara.

5. Deus dá instruções a Abimeleque para sanar o problema (20:7). Abimeleque deveria fazer duas coisas: primeira, devolver Sara a Abraão, seu marido; segunda, receber a oração intercessória de Abraão, profeta de Deus, para que pudesse viver. Não atender a essas instruções acarretaria a morte do rei e de tudo o que era seu. Deus luta pelos seus servos, restaurando Abraão de sua loucura. Abraão é chamado por Deus de profeta e esta é a primeira vez que a palavra "profeta" aparece na Bíblia. Em vez de Deus desqualificar Abraão por causa de sua mentira, enaltece-o ainda mais.

Abimeleque, o confrontador de Abraão

Abimeleque responde à revelação de Deus com pronta obediência e sem tardança toma as medidas necessárias:

1. Ele convoca uma reunião de emergência (20:8). Abimeleque não espera um dia ou uma semana para agir. Ele age sem detença. Levanta-se naquela madrugada e convoca uma reunião de emergência, com todos os seus servos, para comunicar a eles o que havia acontecido. O resultado foi que todo o concílio geral fica grandemente atemorizado.

2. Ele repreende Abraão (20:9,10). Abimeleque convoca Abraão, exigindo dele explicações. Ele faz três perguntas a Abraão: "Que é isto que nos fizeste?". "Em que pequei eu contra ti, para trazeres tamanho pecado sobre mim e sobre o meu reino?". "Que estavas pensando para fazeres tal coisa?". Depois faz uma solene reprimenda ao patriarca: "Tu me fizeste o que não se deve fazer". Abraão é repreendido por um rei pagão por deixar de confiar em Deus. Matthew Henry tem razão em dizer que Abimeleque considera uma ofensa muito grande, a si mesmo e à sua família, que Abraão tivesse desonrado o seu próprio casamento e os tivesse exposto ao pecado desta maneira.[4]

[4] HENRY, Matthew. *Comentário bíblico Antigo Testamento – Gênesis a Deuteronômio.* Vol. 1. 2010, p. 113.

Deus não permite que os seus servos pequem com vantagens. Deus não ocultou o pecado de embriaguez de Nóe; a mentira de Abraão; a falta da paciência de Moisés; o adultério de Davi; ou a negação de Pedro. Essas coisas não foram registradas para nos incentivar a pecar, mas sim para nos advertir do pecado.[5]

O que essa mentira custou a Abraão?

Primeiro, *custou-lhe seu caráter*. Ele parou de perguntar: "O que é certo?", e começou a perguntar: "O que é seguro?", e isso o levou à queda.

Segundo, *custou a perda de seu testemunho*. Ló perdeu seu testemunho em Sodoma e Abraão, em Gerar. Abraão aos noventa e nove anos de idade foi confrontado por um rei pagão. Em vez de ser fonte de bênção (12:1-3), foi motivo de julgamento.

Terceiro, *perdeu sua influência positiva sobre seu filho Isaque* (26:7-11). É triste quando nossos pecados são imitados por nossa própria família.

Abraão apresenta sua defesa

Diante do tribunal do rei Abimeleque, Abrão apresenta uma frágil defesa. Vejamos:

1. Abraão faz um mau juízo do rei e do seu povo (20:11). Ele considerava Abimeleque como um pagão sem Deus e

[5] WIERSBE, Warren W. *Comentário bíblico expositivo.* Vol. 1. 2006, p. 123.

sem moral. Ele via nele não apenas um rei impulsionado por uma inescrupulosa luxúria sexual, mas também uma pessoa sem qualquer temor a Deus. Sem conhecer Abimeleque, Abraão temia sua maldade. Seus pensamentos e as ações eram determinados por um conceito limitado de amigo e inimigo.[6]

O rei de Gerar e seu povo, porém, demonstraram mais temor a Deus do que Abraão. Eles temeram muito, enquanto Abraão vivia sem desconforto com sua mentira. Waltke diz, com razão, que os heróis bíblicos, parceiros pactuais de Deus, nunca são super-homens; seus grandes atos de fé às vezes são envolvidos por fracassos e temores.[7] Em sua tentativa de mitigar sua culpa, Abraão tacitamente admite seu pecado e exime Abimeleque. Ele falhou em investigar a situação e em confiar em Deus.[8]

2. Abraão apresenta uma falsa justificativa (20:12). Ele defende sua mentira baseada na meia-verdade. À semelhança do que fez no Egito, usa uma meia-verdade para justificar seu pecado de plena mentira. O fato de Sara ser sua meia-irmã não anulava o fato de que ela era plenamente sua mulher. Waltke afirma que Abraão cria que o sequestro de mulheres estrangeiras era normal nos países

[6] BRAUMER, Hansjorg. *Gênesis*. Vol. 2. 2016, p. 319.

[7] WALTKE, Bruce K. *Gênesis*. 2010, p. 348.

[8] WALTKE, Bruce K. *Gênesis*. 2010, p. 352.

pelos quais tinha que passar, por isso orquestrou esse malfadado plano com sua mulher.[9]

3. Abraão e Sara fizeram um acordo mal costurado (20:13). Abraão e Sara combinaram mentir aos reis pagãos acerca da natureza de sua relação conjugal. Eles estavam juntos e eram coniventes nesse pecado. Eram solidários e cúmplices no erro. Abraão e Sara tinham feito dessa precaução a sua política. E não haviam dado provas de arrependimento porque fizeram provisão para o pecado e reincidiram nele. Porque temeram os homens, armaram ciladas (Provérbios 29:25). Porque tiveram medo dos homens, perderam o temor do Senhor.

ABIMELEQUE, O ANFITRIÃO GENEROSO

Abimeleque paga o mal com o bem, e em vez de expulsar Abraão de sua cidade como fez Faraó (12:18-20), ofereceu-lhe fidalga hospitalidade. Destacamos quatro pontos importantes:

1. Abimeleque dá presentes a Abraão (20:14a). Longe de punir Abraão pela sua atitude reprovável, Abimeleque dá ovelhas, bois, servos e servas a ele. Faraó enriqueceu Abraão com servos e gado no Egito, mas quando descobriu a verdade de que Sara era sua esposa, os expulsou das ricas pastagens de seu reino. Porém Abimeleque quando

[9] WALTKE, Bruce K. *Gênesis*. 2010, p. 352.

descobriu a verdade, além de dar a Abraão e Sara servos e gado, ainda adiciona uma fantástica quantia em dinheiro (20:14,16). Em vez de Deus punir Abraão e Sara, Deus pune os reis do Egito e de Gerar. Ainda que seus santos sejam infiéis, o Senhor permanece fiel. Deus não só livra seus eleitos do terrível perigo, mas os abençoa com riquezas inesperadas e imerecidas.

2. Abimeleque restitui a mulher de Abraão (20:14b). Abimeleque, mesmo sendo um rei pagão, tinha plena consciência que adultério é um pecado contra o cônjuge e contra Deus (20:6,9), por isso devolve Sara a seu marido.

3. Abimeleque convida Abraão para morar em sua terra (20:15). Abimeleque não só convida Abraão para morar em sua terra, mas dá-lhe a oportunidade de escolher o que melhor lhe convier. Assim demonstra sua fidalga generosidade.

4. Abimeleque compensa Sara com grande riqueza (20:16). Ele dá a Abraão mil siclos de prata em compensação por tudo quanto se dera com Sara. Ou seja, o objetivo desse presente era restituir a honra dela. Esse era um valor astronômico, uma soma fabulosamente grande. Um trabalhador babilônico, a quem geralmente se pagava meia peça de prata por mês, teria que trabalhar cento e sessenta e sete anos para ganhar tal soma.[10]

[10] WALTKE, Bruce K. *Gênesis*. 2010, p. 353.

Braumer diz que a palavra hebraica "compensação", (literalmente "um véu sobre os olhos") é um termo do sistema judicial da época e não pode mais ser explicado com clareza. O objetivo do véu sobre os olhos ou a cobertura do rosto é tornar o observador "cego para o que aconteceu". Não fica claro se os olhos a serem encobertos por este véu são os de Sara ou das pessoas à sua volta. É possível que essa metáfora se aplique às duas opções. As pessoas não devem desprezá-la; seus olhos não devem ver nada de desfavorável em Sara; e a própria Sara deve se sentir como se isso nunca tivesse acontecido. Isso é indicado pela palavra dirigida a ela: "perante todos estás justificada".[11]

ABRAÃO, O PROFETA INTERCESSOR

Abraão, apesar de suas fraquezas, era um profeta de Deus e um intercessor (20:7). A ordem de interceder por Abimeleque veio do próprio Deus. Abraão ora e Deus sara Abimeleque, sua mulher e suas servas, de sorte que elas pudessem ter filhos. Essas mulheres não eram estéreis como Sara, mas haviam se tornado estéreis em virtude da punição de Deus, por causa de Sara. O final desse episódio realça a eleição incondicional como uma verdade bíblica indubitável. Fica meridianamente claro que Deus escolheu Abraão e Sara não pelos seus méritos, mas apesar de

[11] BRAUMER, Hansjorg. *Gênesis*. Vol.2. 2016, p. 319.

seus deméritos. Na verdade, a salvação depende da fidelidade de Deus e não da infidelidade de seus servos.

Concordo com Warren Wiersbe quando diz que apesar de Deus não defender o pecado de Abraão, Ele defendeu Abraão e controlou as circunstâncias de modo que seu servo não fosse completamente abatido. Deus não rejeita seus filhos quando pecam, assim como um pai não rejeita um filho desobediente (Isaías 49:13-16).[12]

James Montgomery Boice destaca que em todas as referências que temos sobre Abraão nas Escrituras, nunca mais essa experiência vivida em Gerar foi mencionada. As Escrituras não enfatizam essa queda, nem em Romanos, nem em Gálatas, nem em Hebreus. Abraão é exaltado por sua fé que demonstrou em quatro situações:

1) saindo de Ur dos caldeus para uma terra desconhecida;
2) permanecendo na terra mesmo em tempos de grandes privações e perigos;
3) crendo que Deus poderia lhe dar um filho, quando ele e Sara já tinham passado da idade de gerar;
4) estando pronto para oferecer Isaque, contando que Deus poderia ressuscitá-lo.[13]

[12] WIERSBE, Warren W. *Comentário bíblico expositivo.* Vol. 1. 2006, p. 126.

[13] BOICE, James Montgomery. *Genesis.* Vol. 2. 1998, p. 653.

Capítulo 12

Abraão, o homem de alegrias e tristezas

A passagem em tela trata do nascimento de Isaque e da despedida de Hagar e Ismael. Alegria e choro marcam o mesmo dia. Os fatos ocorrem quando Abraão está morando entre os filisteus. George Livingston diz que podemos ver aqui o cumprimento da promessa (21:1-8), o problema do ciúme (21:9-11), a instrução divina (21:12,13), a separação (21:14-16), a promessa divina (21:17,28), e o cumprimento da promessa (21:29-31).[1]

A alegria do nascimento

Abraão e Sara esperaram vinte e cinco anos pela promessa do filho. Nesses anos, foram muitos altos e baixos na vida desse casal. Várias vezes Deus confirmou a eles sua promessa. Agora, chegara o momento do cumprimento. Isaque, o filho da promessa, vai nascer, e nascer

[1] LIVINGSTON, George H. *O livro de Gênesis.* Em Comentário bíblico Beacon. Vol. 1. 2015, p. 70.

por um milagre divino. Destacamos aqui alguns pontos importantes:

1. Deus cumpre a sua promessa (21:1,2). Promessa de Deus e realidade são a mesma coisa. Nenhuma de suas promessas jamais caiu por terra. Deus vela sobre sua palavra para cumpri-la. O que Ele promete, Ele cumpre; o que Ele faz, ninguém pode impedir sua mão de fazê-lo. O Senhor visita Sara e ela concebe, mesmo sendo estéril (11:30). Sara concebe e dá à luz um filho a Abraão na sua velhice (17:17,24; 18:11-14), no tempo determinado que Deus lhe falara. A palavra hebraica *paqad,* "visitar" (21:1), inclui entregar, confiar, cuidar, levantar, verificar, instituir (em cargo). A visita a Sara é a atenção que Deus lhe dispensa. Deus abre um novo futuro a Sara e dá fim à dor de sua infertilidade e lhe agrega o que lhe tinha prometido.[2]

Warren Wiersbe diz que o nascimento de Isaque significa o cumprimento da promessa, a recompensa da paciência, a revelação do poder de Deus e um passo decisivo no processo de cumprir o propósito de Deus na história da redenção.[3] James Montgomery Boice diz que o nascimento de Isaque revela três verdades solenes: Deus cumpre a sua promessa, demonstra ser onipotente e ensina

[2] BRAUMER, Hansjorg. *Gênesis*. Vol. 2. 2016, p. 323.

[3] WIERSBE, Warren W. *Comentário bíblico expositivo*. Vol. 1. 2006, p. 128,129.

que seus planos são cumpridos não de acordo com a nossa pressa, mas conforme o seu tempo determinado.[4]

2. Abraão cumpre as exigências da aliança (21:3-5). Abraão coloca o nome de Isaque em seu filho, obedecendo a orientação que o Senhor lhe dera anteriormente (17:19; 21:3). Outrossim, circuncida-o no oitavo dia, cumprindo a aliança que Deus firmara com ele (17:10-12; 21:4).

3. Sara exulta de alegria (21:6,7). Tanto Abraão quanto Sara riram quando Deus lhes comunicou que teriam um filho na velhice (17:17; 18:15). Aquele era o riso da dor das impossibilidades humanas (Provérbios 14:13). Quando Isaque nasce, seu nome é o reverso do riso deles, pois tal riso expressava a impossibilidade humana, enquanto o nascimento de Isaque é a expressão do riso das possibilidades infinitas de Deus. O riso de Sara traduz a bondade de Deus. O nome Isaque significa "ele ri".[5]

Sara credita a Deus o fato de transformar seu riso de incredulidade em alegria (17:17-19; 18:12-15). Todos agora rirão de alegria com Sara. A promessa de que Isaque não era apenas o filho, mas também o herdeiro, seria a alegria de todos os santos, em todas as gerações, e encheria de riso a sua boca.

James Montgomery Boice faz sete comparações entre o nascimento de Isaque e o nascimento de Jesus:

[4] BOICE, James Montgomery. *Genesis*. Vol. 2. 1998, p. 655,656.

[5] WALTKE, Bruce K. *Gênesis*. 2010, p. 359.

1) Tanto Isaque como Jesus foram descritos como a semente prometida.
2) Houve um período de espera entre a promessa e o cumprimento.
3) Quando Sara ouviu a promessa do nascimento de Isaque, ela riu e perguntou como isso poderia acontecer, uma vez que já era velha (18:13). O Senhor lhe respondeu: "Acaso para o SENHOR há coisa demasiadamente difícil?" (18:14). Quando o anjo Gabriel avisou a Maria que ela seria a mãe do Salvador, ela perguntou: "Como será isso, uma vez que sou virgem?" (Lucas 1:34). O anjo lhe respondeu: "Nada é impossível para Deus" (1:37).
4) Os nomes das crianças eram simbólicos e foram dados antes de nascerem (Gênesis 17:19; Mateus 1:21).
5) O nascimento de ambos aconteceu no tempo determinado por Deus (17:21; 18:10,14; 21:2; Gálatas 4:4).
6) Tanto o nascimento de Isaque como o de Jesus requereu um milagre, uma vez que Sara já estava velha demais e Maria era uma virgem.
7) Tanto o nascimento de Isaque como o de Jesus foram motivo de alegria para suas mães respectivas (21:3; Lucas 1:46,47).[6]

[6] BOICE, James Montgomery. *Genesis.* Vol. 2. 1998, p. 657,658.

A DOR DA DESPEDIDA

Quando Isaque nasceu, Ismael tinha quatorze anos. Naquele tempo, as crianças eram desmamadas com três anos.[7] Abraão deu um banquete para comemorar esse fato. O termo hebraico, *gamal*, traduzido aqui por "desmamado", originalmente era usado em relação às árvores que amadureciam seus frutos. Quando os frutos amadurecem, eles não precisam mais da seiva da árvore que os alimentou até então.[8] Vale destacar que Ismael é um adolescente de dezessete anos, quando foi flagrado por Sara rindo zombeteiramente de Isaque. Esse episódio desembocou na despedida sumária de Hagar com seu filho.

Destacamos cinco pontos importantes:

1. A crise muitas vezes é gerada em meio à celebração da vida (21:8,9). O que se vê neste texto é que existe espaço no meio do sagrado para celebrar as coisas mais comuns da vida. Abraão deu um grande banquete no dia em que Isaque foi desmamado. Livingston diz que essa ocasião era comemorada com um banquete, costume que ainda é comumente observado no Oriente Próximo.[9] Abraão celebra o comum. Tem tempo na sua agenda sacrossanta

[7] WALTKE, Bruce K. *Gênesis.* 2010, p. 360.

[8] BRAUMER, Hansjorg. *Gênesis.* Vol. 2. 2016, p. 324.

[9] LIVINGSTON, George H. *O livro de Gênesis.* Em Comentário bíblico Beacon. Vol. 1. 2015, p. 70.

para dar tempo ao filho. Ele se deleita em cada fase da vida do menino e compartilha com os outros a sua alegria.

Agora vamos ver que existe um fio muito tênue entre o projeto da celebração da vida e o projeto de converter a vida numa coisa má, seca, árida e totalmente violenta na relação com os outros. No meio do grande banquete que Abraão estava dando surgiu uma coisa que não estava agendada, que azedou a festa, estragando a celebração. Quando estava todo mundo se alegrando, Sara flagra Ismael fazendo uma brincadeira de mau gosto com Isaque e naquele momento seu mundo ruiu. Isso era mais do que poderia suportar. Ela ficou cheia de uma fúria colérica e de um ciúme incontido, exigindo a expulsão sumária e imediata da serva e seu filho.

George Livingston destaca que o nascimento de Isaque foi um sério golpe para Hagar e Ismael. Sendo até então o filho único de Abraão, Ismael era o herdeiro de tudo que seu pai possuía e da posição de liderança no clã. Essa posição de herdeiro foi negada pelo nascimento de Isaque.[10] O resultado de todas essas tensões é que Ismael estava rindo de Isaque melevolamente na festa do seu desmame. Não era uma mera brincadeira inocente. A palavra hebraica *zachak*, traduzida aqui por "caçoava" (21:9), significa "tratar o outro de forma maldosa" (Gálatas 4:29). Portanto, não se trata de brincadeiras inocentes de duas

[10] LIVINGSTON, George H. *O livro de Gênesis*. Em Comentário bíblico Beacon. Vol. 1. 2015, p. 70.

crianças, mas de uma maldade objetiva e consciente do mais velho em relação ao mais novo.[11] Sara então percebe uma ameaça real na reação zombeteira do adolescente à sua alegria e esperança. A resposta do Senhor de despachar o menino valida esta interpretação. O filho da escrava persegue o filho da livre (Gálatas 4:29). Seu desdém contra Isaque imita o de sua mãe contra Sara.[12]

2. A crise é gerada por um profundo sentimento de rejeição (21:10). Surge aqui a crise de ser descartável diante da vida. A palavra de Sara a Abraão, seu marido, foi: "*Rejeita* essa escrava". A rejeição é a forma mais violenta de ferir e agredir uma pessoa. Ela dói muito. Desarticula a saúde psicológica. Provoca uma desestabilização psicossomática, joga a pessoa num poço fundo de desvalorização humana. Então introjeta-se o sentimento de monturo existencial, e começa a partir daí o registro do descartável diante da vida. Não há nada que fere mais alguém do que ser rejeitado: é o abraço que não pode ser dado; é o toque que não é aceito; é o telefonema que é desligado na cara.

3. A crise é gerada quando o outro é tratado como sujeito indefinido da história (21:10). "Rejeita *essa* escrava". Sara omite o nome de Hagar. Para ela, Hagar não tem nome, não tem valor. Sara trabalha com a linguagem do desprezo humano. Ela usa "essa escrava", "seu filho"; "dessa". Ela só

[11] BRAUMER, Hansjorg. *Gênesis.* Vol. 2. 2016, p. 325.

[12] WALTKE, Bruce K. *Gênesis.* 2010, p. 361.

se dispõe a usar o nome do seu filho. "Porque o filho dessa escrava não será herdeiro com Isaque, meu filho" (21:10).

4. A crise é gerada quando a pessoa despedida se sente sem direito, sem vez e sem voz (21:10). "Rejeita essa *escrava*". Hagar, por ser escrava, não pode se manifestar, não pode opinar, não pode falar. Não pode expressar o que sente. Tem que se conformar.

5. A crise é gerada quando o apego à herança suplanta o amor familiar (21:10). "Rejeita essa escrava e seu filho; *porque o filho dessa escrava não será herdeiro com Isaque, meu filho*". Para Sara, Ismael é apenas o filho da escrava (21:10). Para Abraão, Ismael era seu filho (21:11,14). Para Deus, Ismael era o menino (21:12,17,18,20). Toda a questão tem a ver com herança. Porém, no plano de Deus, isso apontava para verdades espirituais (Gálatas 4:29; Romanos 9:6-9).

O PROPÓSITO DIVINO NA DESPEDIDA

Sara está tomada de um ciúme doentio ao falar a seu marido para despedir a escrava e seu filho. Isso parece um discurso duro demais a Abraão, que tinha profunda afeição pelo seu filho Ismael. A palavra traduzida do hebraico para "penoso" (21:11) significa "sacudido violentamente", como cortinas agitando-se com o vento.[13] Porém, Deus

[13] WIERSBE, Warren W. *Comentário biblico expositivo.* Vol. 1. 2006, p. 132.

fala a seu servo para não ver essa atitude radical de Sara com Ismael e Hagar com maus olhos. Ele deveria atender Sara em tudo. Ela estava, nesse momento, tendo uma percepção mais profunda. Estava sendo um instrumento nas mãos de Deus para apontar para uma realidade espiritual (Gálatas 4:29; Romanos 9:6-9). Abraão deveria olhar para aquela crise com os olhos de Deus. Por isso sua obediência é imediata (21:14; 22:3). Hagar tinha de sair da família para que a posição de Isaque ficasse cristalinamente clara. Não obstante, Deus cuidaria de Hagar e seu filho, fazendo deles uma grande nação (21:13). Hoje, o mundo árabe é uma potência digna de reconhecimento, e tudo começou com Ismael.

Concordo com Hansjorg Braumer quando diz que a voz de Deus a Abraão confirma o que Sara somente pressentia. Ainda que Ismael fosse filho de Abraão, a verdadeira descendência está ligada ao nome de Isaque. Aqueles que carregarão o nome de Abraão serão os descendentes do filho da promessa. Em sua visão profética, Amós chama Israel de "casa de Isaque" (Amós 7:16). Jacó, o filho de Isaque, é o "descendente eleito de Abraão" (Isaías 41:8). O povo escolhido por Deus tem seu ponto de partida no filho de Abraão e Sara. Ela planejou o futuro de seu filho, mas os planos de Deus alcançam distâncias históricas ainda maiores.[14]

[14] BRAUMER, Hansjorg. *Gênesis*. Vol. 2. 2016, p. 326,327.

Warren Wiersbe corrobora quando diz que Sara estava errada quando disse a Abraão para ter relação com Hagar (16:1,2), mas estava certa quando pediu Abraão que a expulsasse do acampamento juntamente com o menino. O apóstolo Paulo considerou esse acontecimento uma alegoria envolvendo a lei de Moisés e a graça de Deus (Gálatas 4:21-31). Sara representa a graça (a Jerusalém celestial) e Hagar representa a lei (a Jerusalém terrestre em escravidão). Os filhos de Deus devem viver sob as bênçãos da graça e não sob a escravidão da lei.[15]

Deus, por amor a Abraão, fará também de Ismael uma grande nação. Porém suas promessas serão cumpridas por meio da descendência sobrenatural, não por meio de esquemas naturais (Romanos 9:7,8).

Sobre este assunto escreve Bruce Waltke:

> Não serão os filhos naturais a herdar a promessa (Romanos 9:8); antes, perseguem os filhos da promessa (21:9; Gálatas 4:29,30). Estão em oposição à semente de Abraão por meio de Sara. Os descendentes de Ismael, ainda que descendentes de Abraão, em sua hostilidade para com os descendentes de Israel, pertencem à semente da serpente.[16]

[15] WIERSBE, Warren W. *Comentário bíblico expositivo.* Vol. 1. 2006, p. 130.

[16] WALTKE, Bruce K. *Gênesis.* 2010, p. 365.

A DOR DE SENTIR-SE SEM RUMO NA CAMINHADA

Destacamos três fatos aqui:

1. Hagar saiu (21:14b). "[...] Hagar saiu [...]". Hagar sente agora o gemido da ruptura e a morte do passado. Hagar não podia mais ficar ali. Não tinha mais espaço para ela. Por isso saiu. Na crise não se vê claramente. Fica tudo cinzento. Hagar sai na direção de um-lugar-nenhum. Sai na direção de-onde-não-se-chega. Se você não sabe aonde vai, já está perdido antes mesmo de partir. Hagar saiu. Cortou as raízes. Rompeu os laços.

2. Hagar saiu andando errante (21:14b). Andar pressupõe um caminho. Sem um caminho não se pode andar. Sem caminho não há direção. Por isso ela anda errante. Ela está andando na direção do nada. Ela está desgovernada na história. Não sabe se direcionar.

3. Hagar saiu andando errante pelo deserto de Berseba (21:14b). O deserto é perigoso. O deserto é seco, árido, ameaçador. É prenúncio de morte. Andar com um menino no deserto é algo que traz medo e grande aflição.

A DOR DE ESPERAR O QUE SÓ FAZ DESESPERAR

A dor de esperar o que só faz desesperar pode ser visto aqui de duas formas:

1. O esgotamento dos recursos humanos diante da necessidade imediata pela permanência da vida (21:15). Enquanto existia água, existia a luta pela sobrevivência da vida. Água significa resistência ao caos. No deserto, a água é a maior riqueza. Quando ela acaba, acaba a esperança. Sem água não se caminha pelo deserto. Não se chega a lugar nenhum. Hagar chegou ao fim do túnel, ao fundo do poço. Todos os recursos esgotaram-se. Surge o cansaço da caminhada. Já não se consegue ficar de pé. Os passos estão trôpegos. Ismael já está desidratado, desmaiando de sede. O sol é implacável. As areias esbraseantes ferem seus pés. O cenário é de desespero. Ela só espera o fim, a morte. Hagar arrasta o filho e o coloca debaixo de um arbusto. Faz daquele lugar sua Unidade de Terapia Intensiva. Coloca Ismael no leito da morte e se afasta. E pela primeira vez ela fala.

A fala de Hagar é negativa e pessimista: "Assim, não verei morrer o menino [...]" (21:16). O não é a sonegação de todo sonho. Hagar verbaliza um futuro carimbado de desesperança. Ela revela sua fragilidade. Ela chora. O choro é o discurso silencioso da fragilidade. Hagar perdeu tudo: o lar, o abrigo, o nome, o direito, a liberdade, o pão, a água, o teto, o sentido da vida; agora, o filho.

2. A incapacidade de ver Deus nas situações mais desesperadoras da vida (21:17). "Deus, porém, ouviu a voz do menino; e o Anjo de Deus chamou do céu a Hagar e lhe disse: 'Que tens, Hagar? Não temas, porque Deus ouviu a voz do menino, daí onde está'". Hagar chora, mas não ora.

Quem olha para a vida como se fosse tragada pela morte não ora, mas só chora. Chorar sem orar é a configuração do mais alto pessimismo humano. Hagar não trabalhou para a reversão da situação.

A DOR É CURADA QUANDO ENTENDEMOS O PROJETO LIBERTADOR DE DEUS NA VIDA

Deus permitiu que Hagar chegasse no fim da linha para mostrar a ela seu socorro.

Destacamos aqui quatro pontos:

1. Deus afasta o sentimento de desprezo e de rejeição de Hagar (21:17). O Anjo de Deus chamou do céu Hagar e lhe disse: "[...] Que tens, Hagar?". Durante toda a caminhada pelo deserto Hagar sentira-se ninguém, sem nome, sem identidade, sem direitos, sem voz. Era apenas "essa escrava". Era só uma coisa, uma matéria descartável. De repente, tudo se inverte. Existe um Alguém que sabe que Hagar não é um *ninguém*. Deus sabe o valor de Hagar. Deus se importa com Hagar. Deus tem um arquivo vivo de Hagar. Deus pronuncia seu nome. Para Deus Hagar tem nome, valor. Para Deus Hagar faz diferença.

A pergunta é eloquente: "Que tens, Hagar?". Ela, que ficara calada até então, sufocada, sem vez, sem voz, agora pode falar, pode desabafar. Deus quer ouvi-la. Isso é terapia divina. Ela recebe a cura da "escravização do silêncio imposto": "O que tens?" é a carta de alforria de que ela tanto precisava. O nome de Hagar é pronunciado do céu, num contexto de milagre. Deus mostrou que ela é importante para a História. É o Senhor do Universo que dá valor a ela. Para Deus Hagar tem nome, tem cor, tem voz, tem vez! Você não precisa se sentir esse, essa. Você tem valor para Deus!

2. Deus encontra Hagar exatamente onde sua história parecia ter chegado ao fim (21:17,18). "Deus, porém, ouviu a voz do menino [...]". O "porém" faz total diferença em tudo que está acontecendo. Significa mudança radical no rumo de tudo. Deus intervém no caos, na crise. Este "porém" indica que Deus chegou na crise, que acaba de bater na porta do caos e que está chegando para reverter o processo da morte em vida. Como?

Primeiro, *mudança posicional de Hagar* (21:18). "Ergue-te". É preciso reagir diante do caos. Sair da posição de pessimismo e derrota.

Segundo, *mudança de atitude em relação ao filho* (21:18). "[...] levanta o rapaz". Lute por seu filho. Não o entregue à morte. Salve o seu filho.

Terceiro, *mudança de atitude em relação ao futuro* (21:18). "[...] farei dele um grande povo". Hagar olhou para o futuro do seu filho e viu o fim imediato: a morte. Deus olhou para o seu filho e viu um grande povo! Deus pode também mudar o seu futuro. Mesmo que você já tenha decretado falência, Deus pode fazer grandes milagres em sua vida.

3. Deus providencia escapes milagrosos para Hagar, quando seus recursos estavam falidos (21:19). Deus abriu um poço no deserto. Ele converte terra seca em manancial. Ele é o Jeová-Jiréh: Ele abre o mar Vermelho, tira água da rocha, com um toque derruba as muralhas de Jericó, abre os olhos ao cego, faz com que a mulher estéril seja alegre mãe de filhos, transforma dilúvios em arco-íris, vales em mananciais.

4. Deus cuida do futuro de Hagar enquanto ela pensava que só tinha passado (21:20,21). Por ser filho de Abraão, Deus abençoou Ismael e fez dele um grande povo. Deus estava com ele. Ele cresceu. Habitou no deserto de Parã. Parã é a região do Neguebe a oeste de Arabá, e que ao sul faz fronteira com o Egito. Tornou-se flecheiro. Sua mãe o casou com uma mulher egípcia, membro de sua raça, e dele procederam doze povos. Formou-se assim uma nação de nômades, com doze subtribos, aparentada com os descendentes de Isaque, mas ainda assim separada destes. Ismael viveu cento e trinta e sete anos (25:12-18). Conforme o Senhor prometera a Hagar antes mesmo de Ismael nascer, ele se estabeleceu fronteiro a todos os seus irmãos.

Capítulo 13

Abraão, o homem da paz

Abraão estava morando ainda na terra dos filisteus quando Isaque nasceu, foi desmamado, e quando Ismael foi despedido da casa de seu pai com sua mãe. Torna-se um homem rico e poderoso, a ponto de o próprio Abimeleque vir a seu encontro, juntamente com Ficol, seu comandante, reconhecendo que ele era um abençoado de Deus, e propondo fazer uma aliança com ele. Este é o primeiro pacto entre iguais registrado nas Escrituras.

Bruce Waltke diz que este segundo conflito com Abimeleque gera uma lacuna em torno da narrativa de Isaque. Enquanto o primeiro conflito (20:1-18) se ocupou dos perigos que cercam a semente, o segundo conflito (21:22-34) se ocupa dos riscos que cercam a terra.[1]

A narrativa em apreço consiste dos dois acordos: no primeiro deles, Abimeleque firma uma aliança de não agressão em termos perpétuos com Abraão (21:22-24). No segundo, Abraão firma uma aliança com Abimeleque

[1] WALTKE, Bruce K. *Gênesis*. 2010, p. 366.

para que o rei reconheça e garanta o seu direito ao poço de Berseba (21:25-34).[2]

Esse episódio traz à lume quatro fatos dignos de destaque:

1. O JURAMENTO

O rei dos filisteus e seu comandante foram a Abraão com o propósito de firmar com ele uma aliança. Nessa conversa com o patriarca, em que um juramento foi firmado, destacam-se duas coisas:

1. O reconhecimento da bênção de Deus sobre Abraão (21:22). Abraão, quando veio para a terra dos filisteus, já era um homem muito rico. Em Gerar tornou-se ainda mais rico. Agora, eles reconhecem que Deus era com ele em tudo que fazia. A Palavra de Deus diz: "Sendo o caminho dos homens agradável ao SENHOR, este reconcilia com eles os seus inimigos" (Provérbios 16:7).

2. O pedido para Abraão usar de bondade para com ele e sua terra (21:23,24). Abimeleque quer firmar um pacto com Abraão, para que este trate ele e sua terra com bondade. Mas, antes de Abraão proferir qualquer discurso, exige dele, sob juramento, o uso da verdade. Abraão entrou em Gerar mentindo sobre Sara. Esse testemunho negativo não pode ser repetido. Pactos devem ser feitos

[2] WALTKE, Bruce K. *Gênesis*. 2010, p. 366.

sobre o fundamento da verdade. Abraão jura não mentir (21:24).

2. A REPREENSÃO

Antes de avançarem na negociação, Abraão repreende Abimeleque acerca de um poço que os servos deste haviam tomado dele à força. O rei se defende dizendo que não tinha conhecimento do ocorrido nem Abraão havia feito a ele qualquer notificação. A água, tão essencial para a sobrevivência do gado, era uma preciosidade naquele tempo. Por isso, a disputa pelos poços.

3. A ALIANÇA

Destacamos aqui quatro lições:

1. A natureza da aliança (21:27). As alianças naquele tempo eram firmadas entre dois parceiros, abatendo animais, partindo-os ao meio e os dois pactuantes passando entre as metades dos animais cortados ao meio e posicionados uma de frente para a outra no chão (15:9-11,17,18). Eles expressavam assim uma maldição sobre si mesmos: em caso de quebra do contrato, o transgressor deveria sofrer o mesmo destino que os animais cortados.[3]

2. O testemunho da integridade (21:28-30). Abraão, além de firmar uma aliança permanente com Abimeleque,

[3] BRAUMER, Hansjorg. *Gênesis*. Vol. 2. 2016, p. 329,330.

oferece ao rei sete cordeiras como testemunhas de que estava falando a verdade, quando falou do poço que havia cavado e que os servos de Abimeleque haviam tomado à força. Daqui para a frente não há mais qualquer menção de fraquezas de Abraão. A mentira não faz mais parte de sua vida.

3. O local do juramento mútuo (21:31). O local onde os pactuantes firmaram a aliança passou a ser chamado de Berseba, cujo significado é "o poço das sete".[4] Ou "o poço do juramento".[5] O nome do poço testifica o acordo entre os dois homens e o direito de Abraão ao poço. Berseba marcava a fronteira sul de Israel durante a monarquia.

4. A aliança da paz estabelecida (21:32). Feita a aliança entre Abraão, Abimeleque e Ficol, estes retornaram para as terras dos filisteus e Abraão permaneceu em Berseba, onde viveu por vários anos.

Warren Wiersbe lança luz sobre essa aliança, ao escrever:

> A transação toda envolveu três elementos: sacrifícios (21:27), testemunhas (21:28-30) e promessas (21:31,32). Podemos encontrar esses mesmos elementos na aliança de Deus conosco por intermédio de Jesus Cristo, conforme vemos em Hebreus 10:1-18. Em primeiro lugar, temos o sacrifício de Jesus Cristo na cruz (10:1-14); depois, o testemunho do

[4] KIDNER, Derek. *Gênesis: introdução e comentário.* 2006, p. 132.

[5] WALTKE, Bruce K. *Gênesis.* 2010, p. 368.

Espírito Santo dentro do cristão (10:15), e, por fim, a promessa da Palavra de Deus (10:16-18). A aliança de Abraão com Abimeleque apenas garantia a posse de um poço, o qual oferece água para sustentar a vida. A aliança de Deus com seu povo nos garante a água viva, que dá vida eterna a todo aquele que confia no Salvador.[6]

4. A ADORAÇÃO

Depois da aliança firmada com Abimeleque e Ficol, Abraão estabelece-se junto ao poço de Berseba, plantando ali tamargueiras e, também, invocando o nome do Senhor, Deus eterno.

Destacaremos dois pontos aqui:

1. Abraão invoca o Senhor, dando-lhe novo nome (21:33). Abraão é o homem do altar. Ele cava poços e levanta altares (12:7,8; 13:4,18; 21:33). Ele tem momentos de fraquezas, mas não permanece no erro. Ele sempre se voltou de suas quedas para o altar. Ele reiteradamente invoca o nome do Senhor. Aqui, ele dá a Deus um novo nome: "El Olam", "o Deus eterno". Derek Kidner diz que este nome de Deus pertence a uma série que inclui El Elyon (14:18), El Roi (16:13), El Shaddai (17:1), El-Elohe-Israel (33:20), El-Betel (35:7), cada qual dando um

[6] WIERSBE, Warren W. *Comentário bíblico expositivo*. Vol. 1. 2006, p. 127.

aspecto da autorrevelação de Deus.[7] Warren Wiersbe é oportuno quando diz que é um grande encorajamento conhecer o "Deus eterno". Os poços desapareceriam, as árvores seriam cortadas, as cordeiras cresceriam e morreriam, os altares ruiriam e os tratados se extinguiriam, mas o Deus Eterno permaneceria.[8]

2. Abraão vive entre os filisteus como um homem de Deus (21:34). Abraão é uma luz a brilhar na terra dos filisteus. É um homem abençoado por Deus entre os pagãos e uma bênção para os povos (12:1-3). Ali Abraão permanece. Ali Isaque cresce. Dali Deus o leva à mais profunda prova. Disso vamos tratar no capítulo seguinte.

Concluo este capítulo recorrendo ao que diz James Montgomery Boice, quando vê nessa aliança de Abraão com Abimeleque uma espécie de cooperação entre crentes e descrentes ou entre o Estado e a igreja. Devem demonstrar mútuo respeito e cooperar em alvos comuns como paz e justiça. Porém, o fato de Abimeleque ter retornado para sua terra e Abraão ter permanecido em Berseba, onde invocou o nome de Deus, revela que o patriarca e o rei são diferentes e que a igreja deve ser diferente do mundo.[9]

[7] KIDNER, Derek. *Gênesis: introdução e comentário.* 2006, p. 132.

[8] WIERSBE, Warren W. *Comentário b*íblico *expositivo.* Vol. 1. 2006, p. 127.

[9] BOICE, James Montgomery. *Genesis.* Vol. 2. 1998, p. 674.

CAPÍTULO 14

ABRAÃO, O HOMEM PROVADO E APROVADO

Por muitos anos Deus se manteve em silêncio, sem falar com Abraão. Porém, quando o rompe, cada palavra proferida por Ele é como uma faca afiada que entra profundamente em seu coração.[1] O servo de Deus, que já passara por várias provas, agora enfrenta a mais difícil delas — a entrega de Isaque, seu filho amado. Esta é a coroa de todas as provações.[2] Esse épico episódio aponta para o maior gesto de amor da história, o amor de Deus pelos pecadores e a dádiva de seu Unigênito Filho, para morrer pelos nossos pecados. Concordo com William MacDonald quando diz que talvez nenhuma cena na Bíblia, exceto o próprio Calvário, é mais pungente do que esta e nenhuma prefigura de forma tão vívida a morte do único e amado Filho de Deus na cruz.[3]

[1] MORRIS, Henry M. *The Genesis Record.* 2006, p. 373.

[2] BRAUMER, Hansjorg. *Gênesis.* Vol. 1. 2016, p. 332.

[3] MACDONALD, William. *Believer's Bible Commentary.* 1995, p. 58.

O texto em tela enseja-nos algumas lições preciosas:

A PROVA MAIS DIFÍCIL

Está escrito: "Depois dessas coisas, pôs Deus Abraão à prova e lhe disse: "Abraão!' Este lhe respondeu: 'Eis-me aqui!'" (22:1). Deus põe Abraão à prova não para tentá-lo ou destruí-lo, mas para demonstrar aos olhos do mundo e aos pósteros a sua fé. Hansjorg Braumer diz que esta é a única vez no livro de Gênesis em que o nome de Deus aparece como agente em conjunto com a palavra "provar". Por trás da provação de Abraão não está o inimigo, mas somente Deus.[4]

Abraão, com pronta obediência, apresenta-se antes mesmo de saber o que Deus vai lhe exigir. O que Deus requer dele é seu filho, seu único filho, Isaque, a quem ele ama. Deus lhe pede mais do que sua vida. Pede seu amor. Pede seu filho em sacrifício. Abraão crê em Deus e o obedece sem tardança, porque sabe que a loucura de Deus é sabedoria ainda não descoberta.

Preciso concordar com Bruce Waltke quando diz que este é um dos textos moral e teologicamente mais difíceis do Antigo Testamento. Søren Kierkegaard, no seu livro *Temor e tremor*, chega a dizer que a ordem de Deus a

[4] BRAUMER, Hansjorg. *Gênesis*. Vol. 1. 2016, p. 332.

Abraão para oferecer seu único filho, a quem amava, em holocausto, era ilógica e absurda.[5]

Não podemos entrar nesta passagem sem levar em conta a confiança inabalável de Abraão em Deus. Sua fé era autêntica aos olhos de Deus, mas agora precisava ser demonstrada diante do mundo. A fé verdadeira sempre é provada. Ela não se enfraquece nas provas, mas torna-se ainda mais robusta e combativa. A fé não testada é fé insegura. O que Abraão revela não é crendice, não é fé infantil, imatura, mas fé adulta e guerreira. A qualidade do metal é comprovada por aquilo que pode suportar. A coragem do soldado se evidencia na luta. Só uma casa edificada sobre a rocha enfrenta a fúria da tempestade sem desabar. As provas não só testam a fé, mas a revigoram. Os músculos exercitados tornam-se mais rijos. O corredor bem treinado tem melhor desempenho na corrida. As tribulações produzem paciência, e esta conduz a ricas e profundas experiências.

Na escola da fé nós teremos provas ocasionais ou jamais saberemos onde estamos na caminhada espiritual.[6] Abraão enfrentou várias provas na caminhada com Deus:

[5] WALTKE, Bruce K. *Gênesis.* 2010, p. 376.

[6] WIERSBE, Warren W. *Comentário bíblico expositivo.* Vol. 1. 2006, p. 133.

1) A prova da família — quando Deus lhe ordenou que saísse do meio da sua parentela para uma terra desconhecida (11:27—12:5).
2) A prova da fome — neste teste Abraão fracassou porque duvidou de Deus e desceu ao Egito para buscar ajuda (12:10—13:4).
3) A prova da cordialidade — quando ele precisou apartar-se de seu sobrinho Ló e deu-lhe a oportunidade de fazer a escolha primeiro, abrindo mão de sua preeminência e preferência (13:5-18).
4) A prova do resgate do sobrinho — quando ele derrotou os reis confederados que sequestraram Ló (14:1-16).
5) A prova da riqueza — quando ele disse "não" aos bens de Sodoma (14:17-24).
6) A prova da paciência quando ele fracassou em ceder às pressões de Sara, concebendo um filho com a escrava Hagar (16:1-16).
7) A prova do amor — esta foi a suprema prova que Abraão enfrentou na jornada da vida (22:1-19).

Por que Abraão esperaria vinte e cinco anos por um filho? Por que Deus lhe daria um filho para depois pedi-lo em sacrifício num altar? Aqui parece que as coisas divinas estavam lutando contra si mesmas, a fé contra a fé e o mandamento contra a promessa.

O que podemos aprender com essa prova de Abraão?

1. A prova exige uma fé que não questiona (22:2). "Acrescentou Deus: 'Toma teu filho, teu único filho, Isaque, a quem amas, e vai-te à terra de Moriá; oferece-o ali em holocausto, sobre um dos montes, que eu te mostrarei'". Abraão esperou vinte e cinco anos até Isaque nascer. Esperou vários anos até que crescesse. Agora, Deus lhe pede o filho em sacrifício. Parece que Deus está contra Deus. Parece que a sua exigência está contra suas promessas. Deus exige de Abraão mais do que sua vida, exige seu filho único. Deus pede o sacrifício máximo do amor. Hansjorg Braumer destaca que a ordem de Deus a Abraão foi tripla: toma – vai – sacrifica.[7]

2. A prova exige a prioridade da devoção (22:2). Isaque não podia ser um ídolo na vida de Abraão. Seu amor por Deus precisava estar indisputavelmente no topo de sua agenda. Abraão precisava renunciar àquele a quem seu coração estava apegado. Isaque é o próprio futuro de Abraão.

3. A prova exige obediência inegociável (22:2). Abraão deve oferecer Isaque em holocausto sobre um dos montes que Deus o mostraria na terra de Moriá. Ele não discute com Deus nem adia a decisão. Obedece prontamente, sem questionar, por entender que Deus era poderoso para ressuscitar o seu filho (Hebreus 11:19). Sem fé esse ato é loucura e paranoia. Sem fé, o gesto de Abraão é um atentado criminoso. Sem fé, ele é um homem cruel e não

[7] BRAUMER, Hansjorg. *Gênesis*. Vol. 1. 2016, p. 333.

um herói; um carrasco sem coração e não um gigante de Deus.

AS PROVIDÊNCIAS SEM DEMORA

Está escrito:

> Levantou-se, pois, Abraão de madrugada e, tendo preparado o seu jumento, tomou consigo dois dos seus servos e a Isaque, seu filho; rachou lenha para o holocausto e foi para o lugar que Deus lhe havia indicado. Ao terceiro dia, erguendo Abraão os olhos, viu o lugar de longe (22:3,4).

Ao ouvir as palavras mais duras de sua vida, Abraão não se revolta contra Deus nem faz provisão para a desobediência como o profeta Jonas, mas toma todas as providências para obedecer a Deus: levanta-se de madrugada, prepara o jumento, toma consigo dois servos, toma Isaque, racha lenha para o holocausto e põe os pés na estrada rumo à terra de Moriá, o lugar indicado por Deus.

Concordo com Hansjorg Braumer quando diz que, com Isaque, Abraão começou a caminhada mais difícil que um pai já fez com seu filho.[8] O percurso de Berseba a Moriá era de mais de oitenta quilômetros. Foram três dias de viagem, tempo suficiente para Abraão sentir uma martelada na consciência a cada passo que dava. Mas ele

[8] BRAUMER, Hansjorg. *Gênesis*. Vol. 1. 2016, p. 342.

não vacilou. Sua prontidão em andar pela fé revelou-se inabalável. Quando viu o lugar do sacrifício, não retrocedeu; ao contrário, tomou decisões ainda mais firmes para cumprir o propósito de Deus.

Abraão pôs seus olhos nas promessas e não nas explicações. Nossa fé não será realmente testada até que Deus nos peça para suportar o que parece insuportável, a fazer o que parece exagerado e a esperar o que parece impossível. Se você olhar para Abraão caminhando para Moriá com seu filho Isaque; para José na prisão; para Moisés e Israel defronte do mar Vermelho; para Davi na caverna de Adulão; ou para Jesus no Calvário, a lição é a mesma: nós vivemos pelas promessas, não pelas explicações.

Abraão precisou vencer várias dificuldades para obedecer. Há sete dificuldades que Abraão deve ter enfrentado para obedecer a Deus neste assunto:

Primeira, a ordem de Deus parece contrária à sua lei antecedente (9:5,6). Há momentos em que a palavra de Deus parece estar em contradição, pois Ele nos pede coisas que parecem estar na contramão da sua própria verdade revelada. Mas essa contradição é apenas aparente, pois, Deus é luz e não há nele treva nenhuma.

Segunda, a ordem de Deus era contrária à grande afeição que Abraão tinha pelo filho. Isaque representava o maior bem que Abraão possuía. Era o seu próprio coração pulsando em seu peito. Entregá-lo era dar tudo, dar a si mesmo.

Terceira, a ordem de Deus era contrária ao bom senso. Sacrificar Isaque, seu único herdeiro, frustraria todos os sonhos de Abraão. Mas ele levou sua razão cativa à obediência da fé e entregou seu filho amado.

Quarta, a ordem de Deus era contrária à sua promessa. O Senhor havia dito a Abraão: "Em Isaque será chamada a tua descendência" (21:12). Quando Deus parece entrar em conflito consigo mesmo e sua ordem, em conflito com sua promessa, precisamos descansar na sua soberania e obedecer sem duvidar.

Quinta, Deus não lhe deu nenhum motivo para ele cumprir essa ordem. Deus simplesmente lhe deu uma ordem sem dar-lhe qualquer justificativa. A fé não busca razões, ela se contenta em obedecer. Ela não olha para a plausibilidade da ordenança, mas para aquele que ordena. Abraão conhecia Deus, por isso, confiava nele.

Sexta, como Abraão poderia olhar novamente para o rosto de Sara? Aquela decisão a atingia diretamente. Isaque também pertencia a ela. Sua confiança em Deus afastou dele todo o temor de uma crise conjugal. Ele não caminhou inseguro nem nutriu qualquer dúvida em seu coração. Ele não laborava com a possibilidade da tragédia, mas com a certeza do milagre.

Sétima, como ficaria sua reputação diante dos egípcios, filisteus e cananitas? Isso seria uma eterna reprovação a Abraão e seus altares. Mas, porque agiu por fé, seu testemunho tem iluminado o caminho de milhões de pessoas em todo o mundo por séculos sem conta.

Abraão ouviu a Palavra de Deus e imediatamente a obedeceu pela fé. Nós sabemos que a vontade de Deus jamais contradiz a sua promessa. Abraão já tinha escutado: "Por Isaque será chamada a tua descendência" (21:12). Hebreus 11:17-19 nos informa que Abraão se dispôs a sacrificar o seu filho na certeza de que Deus o ressuscitaria dentre os mortos. A fé não exige explicações; a fé descansa nas promessas.

A CONFIANÇA MAIS FIRME

A confiança inabalável de Abraão pode ser vista através de uma fé que crê no impossível:

1. Uma fé capaz de transformar as provas em adoração (22:5a). "Então, disse a seus servos: 'Esperai aqui, com o jumento; eu e o rapaz iremos até lá e, havendo adorado [...]'". Abraão fez da prova um ato de adoração. Ele esperava nada menos do que um milagre, o milagre da ressurreição. Ele sabia que Deus é totalmente confiável.

2. Uma fé que vê a ressurreição de todas as promessas de Deus (22:5b). "[...] voltaremos para junto de vós". Abraão disse para seus servos antes de subir o monte Moriá para sacrificar o seu filho: "Voltaremos". Hebreus 11:19 diz que Abraão cria que Deus ressuscitaria Isaque, o filho da promessa. Deus nos prova não para nos derrubar, mas para nos fortalecer.

3. Uma fé que o faz caminhar sozinho com seu filho rumo ao altar (11:5,6,8b). "Tomou Abraão a lenha do holocausto e a colocou sobre Isaque, seu filho; ele, porém, levava nas mãos o fogo e o cutelo. Assim, caminhavam ambos juntos [...] e seguiam ambos juntos". Abraão em momento algum se aparta de seu filho. A aliança de amor entre Abraão e Isaque não foi rompida. Ele ama seu filho mais do que a si mesmo, porém, seu amor por Deus é ainda maior. Sua lealdade a Deus é incondicional. Abraão conhece o caráter de Deus, por isso oferece-lhe seu filho. A lenha para o holocausto é colocada sobre Isaque, mas o fogo e o cutelo estão nas mãos de Abraão.

Enquanto subia com seu filho para o monte do sacrifício, Abraão não podia depender dos seus sentimentos. A Bíblia não nos informa em nenhum momento o sofrimento de Abraão, apenas a sua prontidão para obedecer sem discutir e a confiança na provisão divina. De igual forma, Abraão não podia depender das pessoas. Sara havia ficado em casa. Os dois servos estavam agora aguardando no campo. Somente Abraão e Isaque caminham juntos rumo a Moriá. Ele aprendeu a depender totalmente da promessa e da provisão de Deus, pois já tinha experimentado o poder da ressurreição de Deus em seu corpo (Romanos 4:19-21). Por isso, ele já sabia que Deus era poderoso para levantar Isaque da morte (Hebreus 11:19). Não havia registro até então de ressurreição na história, mas Abraão cria no impossível, via o invisível e tomava posse do intangível. Quando estivermos no monte Moriá, nas provas mais profundas, precisamos saber que para

Deus não há impossíveis e que podemos todas as coisas naquele que nos fortalece (Filipenses 4:13).

Abraão já tinha aprendido a crer em Deus e obedecê-lo quando ele não sabia onde (Hebreus 11:8); quando (11:9-10,13-16), como (11:11,12), e por que (11:17-19).

O SACRIFÍCIO MAIS CARO

Destacamos aqui quatro pontos importantes:

1. A pergunta de Isaque (22:7). "Quando Isaque disse a Abraão, seu pai: 'Meu pai!'. Respondeu Abraão: 'Eis-me aqui, meu filho!'. Perguntou-lhe Isaque: 'Eis o fogo e a lenha, mas onde está o cordeiro para o holocausto?'". Quando Abraão e Isaque caminhavam juntos rumo ao monte do sacrifício, ele fez a seu pai a pergunta mais emblemática desse episódio: "[...] eis o fogo e a lenha, mas onde está o cordeiro para o holocausto?". Isaque até então não sabia que ele mesmo seria o cordeiro oferecido como holocausto. Nesse ponto não há conexão entre Isaque e Jesus, pois diz a Escritura que o Cordeiro de Deus foi morto desde a fundação do mundo (Apocalipse 13:8). Ele caminhou deliberadamente para a cruz, como um rei caminha para sua coroação.

2. A resposta de Abraão (22:8). "Respondeu Abraão: 'Deus proverá para si, meu filho, o cordeiro para o holocausto'; e seguiam ambos juntos". Abraão é homem de fé e crê na providência divina. Ele não sabe como, mas sabe que Deus vai fazer algo extraordinário. Ele que já havia experimentado uma ressurreição em seu corpo para a paternidade, para gerar Isaque, agora crê que Deus pode levantar o seu filho da morte, pela ressurreição.

3. A edificação do altar (22:9a). "Chegaram ao lugar que Deus lhes havia designado; ali edificou Abraão um altar [...]". Abraão é o autor do altar do sacrifício. Ele fez provisão para a obediência. Como já destacamos, a Escritura em momento algum acentua suas emoções nos três dias de caminhada rumo a Moriá, nem mesmo nessa jornada com seu filho, rumo à colina. A Bíblia nada nos fala se Abraão molhou com suas lágrimas as pedras do altar e a lenha debaixo de seu filho, enquanto erigia o altar do sacrifício de seu filho amado. A Bíblia apenas drapeja o estandarte de sua fé inabalável no Deus da promessa e da ressurreição. George Livingston olha para essa cena e diz que todo detalhe preparatório para o sacrifício foi deliberado e meticuloso. Era como se cada pedra do altar tivesse como argamassa o sangue do pai, e cada madeira da pira estivesse impregnada com suas lágrimas não choradas.[9]

4. O sacrifício do altar (22:9b,10). "[...] sobre ele [altar] dispôs a lenha, amarrou Isaque, seu filho, e o deitou no altar, em cima da lenha; e, estendendo a mão, tomou o cutelo para imolar o filho". Esse gesto de Abraão é loucura sem o componente da fé. A ação de Abraão seria um

[9] LIVINGSTON, George H. *O livro de Gênesis.* Em Comentário bíblico Beacon. Vol. 1. 2015, p. 72,73.

crime hediondo e não uma demonstração de confiança no Deus da provisão. Abraão entrega o filho do seu amor, o filho da promessa, no maior símbolo do que aconteceria dois mil anos depois, quando Deus não poupou o seu próprio Filho, antes, por todos nós o entregou (Romanos 8:32).

O SUBSTITUTO PROVIDENCIAL

Três verdades são aqui ressaltadas:

1. A intervenção vem do céu (22:11). "Mas do céu lhe bradou o Anjo do SENHOR: 'Abraão! Abraão!' Ele respondeu: 'Eis-me aqui'". Abraão é um homem que tem intimidade com Deus. Obedece a sua voz quando exige dele o sacrifício de seu filho e atende sua voz quando o proíbe de sacrificá-lo. Abraão é governado pelo céu. Suas decisões são fundamentadas na orientação divina.

2. A intervenção do Senhor poupa Isaque (22:12a). "Então, lhe disse: 'Não estendas a mão sobre o rapaz e nada lhe faças [...]'". Deus não queria o sacrifício de Isaque, mas o amor indisputável de Abraão. Deus poupa Isaque e providencia um cordeiro substituto. Isaque é poupado. O mesmo Deus que ordena Abraão sacrificar Isaque é o Deus que o proíbe de imolar seu filho. O mesmo Deus que pede Isaque em sacrifício providencia o substituto. O mesmo Deus que pede o filho, providencia o cordeiro. O cordeiro substituto é símbolo de Cristo.

No monte Moriá Deus poupou Abraão e Isaque. Poupou o pai e o filho. Porém, dois mil anos depois, Deus não poupou a si mesmo nem ao seu próprio Filho. Aquele cordeiro sacrificado em lugar de Isaque apontava para Jesus, o Cordeiro de Deus, que tira o pecado do mundo (João 1:29). A Bíblia diz que Abraão alegrou-se por ver o dia de Cristo — "viu-o e regozijou-se" (João 8:56).

3. A intervenção do Senhor destaca o temor de Abraão por Deus (22:12b). "[...] pois agora sei que temes a Deus, porquanto não me negaste o filho, o teu único filho". Deus prova Abraão não para destruí-lo, mas para fortalecê-lo; não para humilhá-lo, mas para enaltecê-lo. Abraão é exaltado. Deus diz: "Agora eu sei [...]". Não que Deus não soubesse antes. A firmeza de Abraão não o surpreendeu, mas foi um testemunho para o mundo. Deus provou Abraão para que seu exemplo se tornasse uma fonte de encorajamento para milhões de outras pessoas. Porque Abraão obedeceu, Deus o exaltou e fez dele o pai e o paradigma de todos os que creem. Nessa mesma linha de pensamento, Bruce Waltke diz que o narrador não tem dificuldade com a onisciência divina, no sentido em que ele conhecia de antemão a fé comprometida de Abraão. Ao contrário, ele focaliza a realidade de que Deus não experimenta a qualidade da fé de Abraão até que o põe no palco da história.[10]

[10] WALTKE, Bruce K. *Gênesis.* 2010, p. 378.

O MONUMENTO DA PROVISÃO

Vejamos o registro bíblico:

> Tendo Abraão erguido os olhos, viu atrás de si um carneiro preso pelos chifres entre os arbustos; tomou Abraão o carneiro e o ofereceu em holocausto, em lugar de seu filho. E pôs Abraão por nome àquele lugar — O Senhor Proverá. Daí dizer-se até ao dia de hoje: "No monte do Senhor se proverá" (22:13,14).

Deus proveu o cordeiro e este tomou o lugar de Isaque (22:13). Esta é a primeira menção explícita na Bíblia de sacrifício substitutivo, de uma vida por outra, ainda que estivesse implícita no sacrifício de Noé (8:20-22).[11] Assim Abraão descobriu um novo nome para Deus: *Jeová-Jiréh*. Abraão batiza aquele lugar com este novo nome de Deus. O Senhor proverá no monte de Deus. Warren Wiersbe diz que este nome divino nos ajuda a entender algumas verdades sobre a provisão do Senhor:[12]

1. Onde o Senhor provê as nossas necessidades? Deus provê as nossas necessidades no lugar do seu apontamento.

[11] WALTKE, Bruce K. *Gênesis*. 2010, p. 379.

[12] WIERSBE, Warren W. *Comentário bíblico expositivo*. Vol. 1. 2006, p. 135.

Abraão estava no lugar que Deus mandou, do jeito que Deus mandou, na hora que Deus mandou. Por isso, Deus proveu para ele. A estrada da obediência é a porta aberta da provisão. Não temos o direito de esperar a provisão de Deus se não estamos no centro da sua vontade.

2. Quando o Senhor provê as nossas necessidades? Exatamente quando nós temos necessidade, e não um minuto antes. Do ponto de vista humano, isso pode parecer muito tarde, mas Deus nunca chega atrasado. O relógio de Deus não atrasa.

3. Como o Senhor provê as nossas necessidades? Por caminhos naturais e também sobrenaturais. Deus não enviou um anjo com um sacrifício, mas mostrou um cordeiro preso pelos chifres. Abraão só precisava de um cordeiro, por isso Deus não lhe mostrou um rebanho. Mas, ao mesmo tempo, Abraão ouviu a voz de Deus. O natural se mistura com o sobrenatural.

4. A quem Deus dá a sua provisão? Para todos aqueles que confiam nele e obedecem as suas instruções. Quando você está onde Deus mandou você estar, fazendo o que Ele mandou você fazer, então você pode esperar a sua provisão em sua vida. Quando a obra de Deus é feita do jeito que Ele manda, nunca falta a sua provisão. O Senhor não tem obrigação de abençoar as minhas ideias e os meus projetos. Mas Deus é fiel para cumprir as suas promessas.

5. Por que Deus provê as nossas necessidades? Para a glória do seu próprio nome. Deus foi glorificado no monte

Moriá, porque Abraão e Isaque fizeram a sua vontade. Esse episódio é uma antecipação da expressão mais profunda do amor de Deus por nós: a entrega do seu Filho unigênito para morrer em nosso lugar. Deus poupou Isaque, mas não poupou o seu próprio Filho. A Palavra de Deus diz que Deus prova o seu próprio amor para conosco, pelo fato de ter Cristo morrido por nós, sendo nós ainda pecadores (Romanos 5:8).

A PROMESSA GRACIOSA

Depois da prova vem a promessa. Deus faz menção da obediência de Abraão como consideração do pacto (22:16). Deus agora confirma a promessa do pacto (Hebreus 6:13). Deus promete a Abraão uma numerosa descendência. Ele não perde o filho e ainda ganha milhares de milhares de outros filhos. Destacaremos três fatos relevantes:

1. A origem da promessa (22:15). "Então, do céu bradou pela segunda vez o Anjo do SENHOR a Abraão". A promessa procede do céu, da parte do Senhor. É sempre Deus quem toma a iniciativa. Tudo vem dele, é por meio dele, e para Ele.

2. O juramento da promessa (22:16). "E disse: 'Jurei, por mim mesmo', diz o SENHOR, 'porquanto fizeste isso e não me negaste o teu único filho [...]'". Deus, não tendo ninguém maior do que Ele para jurar, jura por si mesmo.

Bruce Waltke diz que havendo caminhado por entre os cadáveres para confirmar a aliança, e havendo designado a circuncisão para afirmá-la, Deus agora jura por sua promessa pactual.[13]

3. O conteúdo da promessa (22:17,18). Vejamos o registro bíblico:

> [...] te abençoarei e certamente multiplicarei a tua descendência como as estrelas dos céus e como a areia na praia do mar; a tua descendência possuirá a cidade dos seus inimigos, nela serão benditas todas as nações da terra, porquanto obedeceste à minha voz.

Existe sempre um fim glorioso depois das provas de Deus. Ele não desperdiça sofrimento na vida de seus filhos. Warren Wiersbe destaca as várias bênçãos divinas que Abraão recebeu por causa da sua obediente fé:[14]

Primeira, *ele recebeu uma nova aprovação de Deus* (22:11,12). Abraão descreveu toda aquela dramática experiência como adoração (22:5). Ele obedeceu a vontade Deus e procurou agradá-lo. E Ele lhe disse: "Agora eu sei que temes a Deus". Abraão é um homem aprovado pelo céu.

[13] WALTKE, Bruce K. *Gênesis*. 2010, p. 379.

[14] WIERSBE, Warren W. *Comentário bíblico expositivo*. Vol. 1. 2006, p. 137.

Segunda, *ele recebeu de volta um novo filho*. Abraão e Isaque tinham estado no altar juntos, mas Isaque era agora um sacrifício vivo. Deus deu Isaque a Abraão e este o devolveu para Ele. Precisamos ter cuidado para que os dons de Deus não tomem o lugar do doador.

Terceira, *ele recebeu uma nova segurança* (22:16-18). Abraão já tinha ouvido essas promessas antes, mas agora elas têm um toque especial para ele. As promessas de Deus jamais são tão brilhantes como na fornalha da aflição.

Quarta, e*le recebeu a revelação de um novo nome de Deus* (22:14). No monte Moriá Abraão conheceu Deus como aquele que provê na hora da aflição, por isso o chamou de Jeová-Jiréh: "O Senhor proverá, no monte do Senhor, o Senhor proverá".

O RETORNO PARA CASA

Abraão retorna de onde partiu, ou seja, de Berseba: "Então, voltou Abraão aos seus servos, e, juntos, foram para Berseba, onde fixou residência" (22:19). Esse episódio é um divisor de águas na história do patriarca. Ele foi de Berseba para Moriá como um homem de fé e volta de Moriá para Berseba como um homem de garantias. Se a viagem de ida foi feita, provavelmente, com o coração partido de dor, a viagem de volta foi feita com uma exultação indizível.

Destaco que essa experiência de Abraão e Isaque é o mais belo tipo da Bíblia sobre a caminhada do Pai e do Filho ao Calvário.

Jesus disse para os judeus: "Abraão, vosso pai, alegrou-se por ver o meu dia, viu-o e regozijou-se" (João 8:56). No miraculoso nascimento de Isaque, Abraão viu o dia do nascimento de Cristo. No casamento de Isaque, Abraão viu o dia da segunda vinda de Cristo para a sua noiva, a igreja. Mas no Monte Moriá, quando Isaque foi colocado no altar, Abraão viu o dia da morte e da ressurreição de Cristo. Várias analogias entre Isaque e Jesus podem ser contempladas neste texto. Vejamos:

1. Isaque foi o filho do coração como Jesus foi o Filho amado (22:2; João 3:16). Assim como Isaque era o filho da promessa, o filho amado de Abraão, Jesus é o Filho amado, em quem Deus, o Pai, tem todo o seu prazer.

2. Isaque foi a Moriá sem reclamar; Jesus, como ovelha muda, foi obediente até a morte, e morte de cruz. A atitude de Isaque caminhando três dias para o monte Moriá lança luz sobre a postura de Jesus caminhando para o Calvário sem abrir a boca e sem lançar maldição sobre seus exatores.

3. Isaque foi filho de profecias; Jesus é o Filho de profecias. Isaque foi prometido por Deus. Seu nascimento foi profetizado. Seu nascimento veio por uma intervenção milagrosa, no tempo oportuno de Deus. Assim, também, Jesus veio ao mundo para cumprir o propósito do Pai. Sua vinda foi prometida, preparada. Ele nasceu para cumprir o plano perfeito do Pai.

4. O Pai e o Filho agiram juntos (22:2,8). Somos informados que pai e filho andaram juntos. A Bíblia diz que Deus amou o mundo (João 3:16) e Jesus amou aqueles por quem morreu (1João 3:16). Mas a Bíblia também diz que o Pai amava o Filho e o Filho amava o Pai (Mateus 3:17; João 14:31). Abraão não negou o seu único filho (22:16) e o Pai não poupou o seu próprio Filho, mas o entregou por todos nós (Romanos 8:32).

5. O Filho tinha que morrer. Abraão pegou o cutelo e o fogo, ambos instrumentos de morte. No caso de Isaque houve um substituto, mas ninguém pode tomar o lugar de Cristo na cruz. Só Ele podia morrer por nós na cruz. Só Ele podia oferecer um sacrifício perfeito em nosso lugar. Só Ele é o Cordeiro de Deus que tira o pecado do mundo. O fogo é símbolo da santidade e do juízo de Deus. Na cruz, Jesus experimentou mais do que a morte, experimentou o juízo de Deus sobre os pecados do mundo. Isaque não suportou nem o cutelo nem o fogo, mas Jesus suportou ambos. O pai de Isaque estava lá, mas o Pai de Jesus o desemparou na cruz, quando Ele se fez pecado por nós. Que tremendo amor!

6. O Filho teve que carregar o fardo do pecado sobre os seus ombros. Abraão colocou sobre Isaque, seu filho, a lenha do holocausto (22:6). Deus fez cair sobre Jesus a iniquidade de todos nós (Isaías 53). Ele foi transpassado pelas nossas transgressões. Jesus carregou o lenho maldito sob os apupos de uma multidão enlouquecida. Foi pregado no lenho e exposto publicamente ao ridículo. Jesus carregou a cruz e nela morreu.

7. *O Filho foi levantado da morte.* Isaque morreu apenas num sentido figurado (Hebreus 11:19), mas Jesus realmente morreu e ressuscitou. Não diz o texto que Isaque retorna com Abraão aos seus dois servos (22:19). A próxima vez que ouvimos falar em Isaque é quando ele se encontra com sua noiva (24:62). Isso nos mostra que o próximo glorioso evento no calendário de Deus é o retorno de Jesus Cristo para encontrar com a sua noiva, a igreja.

Notícias da família

Chegando em Berseba, Abraão recebe notícias sobre os filhos de Naor, seu irmão. O patriarca não tinha perdido os vínculos com sua família que ficara na Mesopotâmia. Os doze filhos de Naor se chamam: Uz, Buz, Quemuel, Quésede, Hazo, Pildas, Jidlafe, Betuel, o pai de Rebeca, Teba, Gaã, Taás e Maaca. Hansjorg Braumer diz que dos doze nomes dos filhos de Naor, somente três (Uz, Buz e Maaca) fazem referência às áreas geográficas em que viviam os clãs que descendiam especificamente dos filhos de Naor. Uz ficava em Edom, Buz, provavelmente nas proximidades de Edom. Jó era da terra de Uz (Jó 1:1-3). Eliú era de Buz, e Maaca era uma região junto ao Hermom.[15]

[15] BRAUMER, Hansjorg. *Gênesis.* Vol. 1. 2016, p. 356.

É digno de nota que a proporção numérica dos filhos de Naor é a mesma dos filhos de Jacó: oito filhos com Milca (Jacó teve oito filhos com Lia e Raquel) e quatro com a concubina Reumá (assim como com as concubinas Bila e Zilpa). Ismael também teve doze filhos (25:13-16).[16]

George Livingston diz que esta árvore genealógica é de interesse por causa de Rebeca, filha de Betuel (22:23), a qual, no capítulo 24 de Gênesis, se torna personagem central como esposa de Isaque. O filho de Abraão vai casar-se com uma neta de seu irmão Naor.

[16] BRAUMER, Hansjorg. *Gênesis.* Vol. 1. 2016, p. 356; e LIVINGSTON, George H. *O livro de Gênesis.* Em Comentário bíblico Beacon. Vol. 1. 2015, p. 73.

Capítulo 15

Abraão, o homem que ficou viúvo

Se o capítulo anterior tratou da "ressurreição" de Isaque aos olhos de Abraão, seu pai, este capítulo fala da morte de Sara, sua mulher. Sara é a única mulher na Bíblia que tem seus anos mencionados na sua morte. Sara, a mãe de Isaque, era uma mulher proeminente. Tem um papel absolutamente importante não apenas como uma alegoria da Jerusalém celeste, como também dos crentes gerados pelo Espírito, para a liberdade (Gálatas 4:21-31). Sara é um exemplo de mulher piedosa e submissa (1Pedro 3:1-6).

O texto em pauta fala de quatro fatos: a morte de Sara, o choro de Abraão por ela, a compra da sua sepultura de e o seu sepultamento. Vejamos esses quatro fatos.

A morte de Sara

Sara é a primeira pessoa a morrer na família de Abraão. Sua morte ocasionou a primeira aquisição de propriedade na terra prometida. Destacamos aqui quatro pontos importantes:

1. Sara, uma princesa (23:1). Abraão não era apenas considerado um príncipe de Deus entre o povo (23:6), mas vivera longos anos casados com uma princesa (17:15). Esse é o significado do seu nome. Muito embora Sara não tenha sido uma mulher perfeita, ela viveu pela fé e morreu na fé. O próprio Deus a colocou na galeria dos heróis da fé (Hebreus 11:11).

2. Sara, uma mulher influente (23:1). Se Abraão é o pai dos hebreus e o pai dos crentes, Sara é a mãe da nação de Israel e um exemplo de vida tanto para o povo de Israel (Isaías 51:1,2), como para as mulheres cristãs (1Pedro 3:1-6). Ela é um símbolo da salvação pela graça em contraste com a escravidão da lei (Gálatas 4:21-31).

3. Sara, uma mulher que viveu pela fé (Hebreus 11:11,12). Muito embora Sara tenha tido fraquezas de dúvidas e incredulidade acerca do cumprimento da promessa de ser a progenitora de uma numerosa descendência, tanto no caso da serva Hagar como no seu riso incrédulo, ela apropriou-se da promessa pela fé e foi colocada no seleto grupo daqueles que andaram por ela.

4. Sara, uma mulher que enfrenta a morte (23:1,2). Sara, aos 89 anos de idade, já se considerava uma mulher velha antes de Isaque nascer. Ao morrer, aos cento e 27 anos, seu filho Isaque já estava com 37 anos. Ela morreu três anos antes do casamento de seu filho. Abraão sobrevive por cerca de 38 anos (25:7). A vida pode ser longeva, mas a morte é certa. Para os que creem, entretanto, a morte não é o fim. A sepultura não é nosso último endereço. Morrer para o cristão é deixar o corpo e habitar com o Senhor (2Coríntios 5:8). É partir para estar com Cristo, o que é incomparavelmente melhor (Filipenses 1:23). A morte, o rei dos terrores, e o último inimigo a ser vencido, já foi vencida; seu aguilhão foi arrancado e a morte foi tragada pela vitória (1Coríntios 15:54,55). Cristo, o descendente de Abraão, matou a morte e ressuscitou gloriosamente, como primícias de todos os que dormem.

Sara morreu em Quiriate-Arba, que é Hebrom. Eles já haviam morado nessa região depois que saíram do Egito e antes de irem para Gerar. Hebrom tornou-se cidade real no tempo de Davi (1Samuel 30:31; 2Samuel 2:1-7). Depois que Davi conquistou Jerusalém, transformou-a em cidade real. Absalão fez de Hebrom seu quartel general para conspirar contra seu pai, Davi. Hoje, Hebrom está sob domínio palestino e o local da caverna de Macpela é coberto pela mesquita Harã El-Kalil, a nordeste de Hebrom.[1]

O choro de Abraão pela morte de Sara

Desde que Abraão e Sara saíram de Ur dos caldeus até o dia em que Sara morreu, foram 72 anos. Provavelmente eles já eram casados antes de sua saída. Portanto, eles viveram como marido e mulher por mais de seis décadas.

[1] WALTKE, Bruce K. *Gênesis.* 2010, p. 392.

Abraão tinha um acendrado amor por Sara e ela o tratava como senhor (1Pedro 3:6).

Destacamos aqui três pontos:

1. Abraão lamenta a morte de Sara, sua mulher (23:2). De acordo com o entendimento judeu, o lamento é a forma de honrar os mortos. Lamentar significa "atribuir a alguém as conquistas obtidas em vida, valorizá-lo".[2] Embora não fosse um marido perfeito e tenha cometido erros em relação a Sara, em sua mentira tanto no Egito como em Gerar, e embora tenha cedido ao pedido dela em relação a coabitar com a serva Hagar, Abraão foi um marido zeloso, que sempre honrou sua mulher. Por isso, seu lamento e seu choro são a expressão de seu amor por ela. A expressão "veio Abraão lamentar Sara [...]", segundo Henry Morris, sugere que Abraão não estava presente durante o tempo de sua enfermidade e na hora de sua morte. Possivelmente isto sugere que sua morte foi misericordiosamente rápida e sem sofrimento.[3]

2. Abraão chora a morte de Sara, sua mulher (23:2). O choro é uma demonstração de tristeza. Esse, porém, não é o choro do desespero nem da incerteza (1Tessalonicenses 5:13). O dia do luto, porém, é dia de choro e não de riso. Até Jesus chorou (João 11:35). Abraão demonstrou seu amor e sua tristeza ao chorar no funeral de sua mulher.

[2] BRAUMER, Hansjorg. *Gênesis.* Vol. 1. 2016, p. 360.

[3] MORRIS, Henry M. *The Genesis Record.* 2006, p. 386.

Concordo com James Montgomery Boice quando diz que não chorar é um grande fracasso, mas chorar indefinidamente é igualmente um erro. A vida deve seguir. Portanto, a maneira adequada do cristão lidar com a morte de alguém é chorar, e então se levantar e continuar a viver. Abraão fez isso.[4]

3. Abraão age depois da morte de sua mulher (23:3). É legítimo chorar na hora do luto, mas não é conveniente ficar prisioneiro dessa dor. Aqueles que têm esperança levantam-se do luto. Foi o que Abraão fez. Precisou ter lucidez para adquirir um lugar apropriado para sepultar sua mulher.

A compra da sepultura de Sara

Abraão levanta-se do luto para providenciar um sepultamento digno para sua mulher. Embora tivesse a promessa divina de que toda aquela terra lhe pertencia, bem como aos seus descendentes, ele não tinha tomado posse sequer de um palmo de terra. Abraão humildemente procura os filhos de Hete com vistas à aquisição de um lugar para sepultar Sara, local esse que deveria ser a sepultura da família patriarcal. Três lições podem ser aprendidas:

1. A humildade de Abraão (23:3,4). Abraão era um homem muito rico e influente. Toda aquela terra lhe

[4] BOICE, James Montgomery. *Genesis*. Vol. 2. 1998, p. 712.

pertencia, por promessa divina. Mas ele não se utiliza desse direito para auferir vantagens; ao contrário, ele fala aos filhos de Hete, declarando-lhes que era um estrangeiro e morador entre eles, e que precisava da posse de uma sepultura para sepultar Sara. Derek Kidner diz que a palavra hebraica *ger*, estrangeiro, trata-se de um forasteiro residente, com alguma base na comunidade, mas com direitos limitados. Para eles não se assegurava o direito de propriedade particular.[5] Assim como aconteceu com Abraão, hoje o povo de Deus é também peregrino e forasteiro (1Pedro 1:1; 2:11). Vivemos em um tabernáculo (2Coríntios 5:1-8) que, um dia, será desfeito quando nos mudarmos para a glória. Quando o apóstolo Paulo escreveu: "O tempo da minha partida é chegado [...]" (2Timóteo 4:6), usou um termo militar que significa: "desarmar a tenda e avançar". O corpo que temos agora é temporário, mas na segunda vinda de Cristo receberemos um corpo semelhante ao corpo da glória do Senhor Jesus (Filipenses 3:20,21; 1João 3:1-3).

2. O testemunho de Abraão (23:5,6). Os filhos de Hete não veem Abraão como um estrangeiro residente entre eles, mas como o príncipe de Deus no meio deles. Enquanto ele se humilha, os hititas o exaltam. Eles, então, lhe oferecem a melhor sepultura, mas Abraão queria a posse definitiva de um lugar e não o empréstimo de uma sepultura. Apesar de o mundo não ser nosso lar, como

[5] KIDNER, Derek. *Gênesis: introdução e comentário.* 2006, p. 135.

peregrinos e estrangeiros devemos ter o cuidado de dar bom testemunho para os de fora (1Tessalonicenses 4:12; Colossenses 4:5).

3. A aquisição da sepultura (23:7-16). A forma como Abraão, num dia de luto, consegue comprar a sepultura e ter o direito de posse, mediante a presença de testemunhas, revela o seu tato e habilidade. Ele é um príncipe de Deus e age como tal. Vejamos:

Primeiro, *o príncipe de Deus se inclina* (23:7). Este é um gesto de humildade. Além de um homem velho, rico, influente, é considerado pelos hititas um príncipe de Deus. Mas, em vez de exigir continência é ele quem se inclina.

Segundo, *o príncipe de Deus pede ajuda* (23:8,9). Abraão roga aos filhos de Hete para intercederem por ele junto a Efrom, o proprietário da caverna de Macpela, a fim de que a transação de compra e posse seja feita com agilidade e eficácia, mediante justo pagamento.

Terceiro, *o príncipe de Deus ouve a proposta de Efrom* (23:10,11). Abraão não quer apenas sepultar Sara, ele quer a posse de uma sepultura na terra que Deus lhe prometera para a família patriarcal. A oferta, portanto, de Efrom, embora a princípio pareça generosa, não atendia ao seu propósito. Tudo faz crer que era apenas uma astuta manobra.

Quarto, *o príncipe de Deus faz uma nova proposta a Efrom* (23:12,13). Pela segunda vez, Abraão inclina-se reverentemente diante do povo da terra e fala a Efrom, com tato irretocável, mas com firmeza granítica, deixando claro que seu propósito é comprar e pagar um preço justo pela aquisição e posse do campo, onde sua morta possa ser sepultada. Abraão quer uma compra de propriedade final e irrevogável.

Quinto, *o príncipe de Deus acata a proposta de Efrom e fecha a compra do terreno* (23:14-16). A resposta que Efrom deu a Abraão tem duas informações: ele estava disposto a vender, mas queria fechar o negócio com a propriedade toda, não somente a caverna. Abraão paga a Efrom um valor colossal pelo terreno, ou seja, quatrocentos siclos de prata, moeda corrente entre os mercadores. George Livingston diz que não há como saber o valor exato da prata no dinheiro de hoje, mas comparado com os dezessete siclos de prata que Jeremias pagou pela herança em Anatote (Jeremias 32:9), o preço parece altíssimo.[6] Hansjorg Braumer, nessa mesma linha de pensamento, diz que naquele tempo o salário anual de um trabalhador era de seis a oito siclos. A área inteira comprada por Onri para a construção de Samaria custou seis mil siclos. Para Abraão, a compra incontestável da sepultura era tão importante que ele estava disposto a pagar qualquer quantia por ela.[7]

[6] LIVINGSTON, George H. *O livro de Gênesis*. Em Comentário bíblico Beacon. Vol. 1. 2015, p. 74.

[7] BRAUMER, Hansjorg. *Gênesis*. Vol. 1. 2016, p. 361.

Sexto, *o príncipe de Deus estabelece as garantias da compra* (23:17,18,20). Primeiro, a área do terreno comprado é delineada: o campo onde estava Macpela, fronteiro a Manre, o campo, a caverna e todo o arvoredo que nele havia, e todo o limite ao redor (23:17). Segundo, a posse do terreno é garantida mediante pagamento na presença de testemunhas (23:18). As minúcias sobre a propriedade e a menção de testemunhas indicam que foi um contrato plenamente garantido. Com isso, a caverna e o campo de Efrom são transferidos a Abraão como um local permanente de sepulturas para os patriarcas. Esta pequena porção de terra gera promessa de toda a terra. Deixa claro que os estranhos e estrangeiros estão buscando uma pátria (Hebreus 11:13,14).

Abraão era dono de toda aquela terra, mas a única propriedade que lhe pertencia legalmente era uma sepultura. Se o Senhor Jesus não voltar para nos levar para o céu, a única propriedade que cada de um nós terá neste mundo será um pequeno lote no cemitério. Não levaremos nada conosco, deixaremos tudo para trás (1Timóteo 6:7).

O sepultamento de Sara

Terminadas as negociações, Abraão sepultou Sara, sua mulher, na caverna do campo de Macpela, fronteiro a Manre, que é Hebrom, na terra de Canaã. Como convém à mãe da nação, seu túmulo era impressionante, um memorial digno de uma grande mulher. Nessa mesma caverna de Macpela também foram sepultados Abraão (25:9), Isaque (35:29), Rebeca e Lia (49:29-31) e, posteriormente, Jacó (50:13). Abraão e seus descendentes, a quem a terra fora prometida, não precisaram descansar em terra estranha. Na morte já foram herdeiros, e não mais "estrangeiros". Na morte, confessaram sua fé na promessa. Para os cristãos, que veem o Antigo Testamento como a sombra dos bens vindouros (Hebreus 10:1), a compra do campo para o túmulo em Hebrom aponta para a sepultura de Cristo, o começo da vida.

Capítulo 16

Abraão, o homem que preparou o casamento do filho

Estava na hora de fazer a transição de liderança do clã de Abraão para Isaque, o herdeiro de sua fortuna e o filho da promessa. Sara já havia morrido. Abraão já estava velho. Isaque precisava se casar para assumir a liderança do clã. Isaque era o próximo elo vivo da cadeia de bênção que culminaria no nascimento do Salvador, Jesus Cristo. Portanto, tudo aquilo que acontecia com Isaque era de suma importância no plano de Deus para a salvação.

Henry Morris tem razão em dizer que, sendo Isaque um tipo de Cristo, de acordo com o Novo Testamento, é fascinante observar os vários paralelos entre a história do servo de Abraão procurando uma noiva para Isaque e o ministério do Espírito Santo, buscando dentre os gentios um povo para o seu nome (Atos 15:14), uma noiva para Cristo (2Coríntios 11:2).[1]

[1] MORRIS, Henry M. *The Genesis Record.* 2006, p. 391.

Naquela época, os pais providenciavam o casamento dos filhos. Abraão não quer que Isaque se case com uma mulher cananita. Eles tinham outros deuses e outros princípios. Sua parentela, porém, ficara em Harã, ao norte da Mesopotâmia. Eram mais de oitocentos quilômetros distantes de Hebrom.

Abraão planeja, então, uma missão ousada e confia-a a seu servo mais fiel e experiente. Deveria seguir em comitiva rumo à sua parentela com o propósito de trazer de lá uma mulher para casar-se com seu filho.

Este é o mais longo capítulo de Gênesis e talvez o mais simpático e gracioso relato da história dos patriarcas. Nessa linda história das providências, podemos aprender algumas preciosas lições.

Abraão toma medidas para buscar uma noiva para Isaque, seu filho

Abraão tem plena consciência de que a promessa divina de abençoar por intermédio dele as nações da terra passaria por Isaque. Por isso, a linhagem não poderia ser contaminada. Daí sua atitude ousada de buscar uma esposa para seu filho dentro de sua parentela. Abraão estava convencido de que Deus é quem dá a esposa prudente (Provérbios 19:14; 18:22).

Que expedientes Abraão usou:

1. Comissiona o servo mais antigo da casa (24:2a). Abraão não escolhe o jovem mais atento à beleza de uma jovem, mas o servo mais velho. O homem mais experiente, mais maduro, mais fiel, mais consagrado a Deus. Abraão sabe que seu filho não pode errar nessa área do casamento. O texto não cita o nome desse servo, mas muito provavelmente seja o damasceno Eliezer (15:2,3), o calmo herói dessa história. Esse servo, no cumprimento de sua missão, demonstra vida piedosa (24:26,52), intimidade com Deus na oração (24:12), dedicação a Abraão (24:14,27) e firmeza em completar bem seu trabalho (24:33,54).

2. Exige do servo um solene juramento (24:2b-9). Colocar a mão sob a coxa significar jurar pelos seus descendentes (47:29). A coxa é o símbolo de toda a descendência. O juramento vale para os descendentes e deve ser mantido em benefício deles. Neste juramento, os descendentes são conclamados a vigiarem o juramento e a vingarem o seu rompimento. Nesse juramento algumas coisas precisavam ficar claras:

Primeiro, *o servo não podia tomar nenhuma esposa para Isaque dentre as filhas dos cananitas amaldiçoados* (24:3; 9:24-27; 15:16,18-21; Deuteronômio 7:1-4), mas entre os semitas abençoados. Os cananeus serviam a outros deuses. Isso desviaria da verdadeira fé os descendentes. Esse mesmo princípio é seguido ao longo das Escrituras, tanto do Antigo (Deuteronômio 7:3,4; 1Reis 11:4; Esdras 9:1-15) como do Novo Testamento (1Coríntios 7:39; 2Coríntios 6:14-18).

Segundo, *o servo deveria tomar uma esposa para Isaque dentre as moças de sua parentela* (24:4,5a). Abraão entende que a mulher de seu filho precisa ser do mesmo tronco familiar, com a mesma fé e os mesmos valores. O perigo aqui não é de uma miscigenação racial, mas de uma apostasia religiosa. A ordem de Abraão a seu servo — "vá e tome uma esposa" (24:4) — é respondida por Labão e Betuel — "eis aqui Rebeca, tome-a e vá" (24:51) —, e cumprida com a afirmação: "Assim o servo tomou Rebeca e se foi" (24:61).

Terceiro, *o servo não deveria levar Isaque para Mesopotâmia, onde estava sua parentela* (24:5b,6). Abraão permaneceu fiel à vocação divina de abandonar sua pátria (12:1,7; 23:19). Agora ele tudo faz para assegurar que seus descendentes também ajam assim. A parentela de Abraão, muito provavelmente, vivia ainda em Harã, no norte da Mesopotâmia. Aquela era uma terra idólatra. Deus havia mandado Abraão sair e ele não cogita nenhum retorno. Quer caminhar na direção da ordem e da promessa de Deus.

Quarto, *o servo deveria crer na providência divina em sua missão* (24:7). Abraão é um homem de fé, que vive pela fé. Ele sabe que o Deus do céu que o tirara da sua terra e o conduzira até ali enviará seu anjo à frente de seu servo, a fim de que sua missão seja bem-sucedida.

Quinto, *o servo ficaria desobrigado caso a mulher não quisesse segui-lo* (24:8). Abraão está convicto de que as coisas de Deus, feitas do jeito de Deus, no tempo de Deus, darão certo. Por isso, o servo deveria partir fazendo provisão para a êxito de sua missão e não para o fracasso.

Sexto, *o servo jurou fazer segundo o combinado* (24:9). Feito o juramento, era hora de botar a comitiva na estrada e caminhar mais de oitocentos quilômetros rumo à Mesopotâmia, em busca de uma noiva para Isaque.

O servo de Abraão vai à procura da noiva de Isaque

Que aventura! Um homem já velho coloca na estrada dez camelos carregados de muitos bens e caros presentes rumo à Mesopotâmia, para a cidade de Naor, irmão de Abraão. Essa cidade pode ter sido Harã ou mesmo a cidade onde Naor morava. Ele é acompanhado por outros homens que servem de protetores na viagem longa e perigosa (24:32). Destacamos aqui alguns pontos:

1. Uma longa viagem (24:10). Abraão tinha saído de Ur dos caldeus, no sul da Mesopotâmia para Harã, ao norte. Dali ele havia partido rumo à terra prometida. Seus parentes continuaram por lá, e agora ele envia seu servo à casa de seu irmão, a fim de buscar uma noiva para seu filho. Essa era uma viagem longa, perigosa e desafiadora. A rota não é mencionada, apenas os preparativos, a saída e o destino da viagem.

2. Uma sábia estratégia (24:11). O texto bíblico omite a saga da longa viagem. O servo de Abraão já está na cidade de Naor, junto ao poço, onde, na viração da tarde, as moças vinham tirar água. O servo faz uma parada estratégica num lugar estratégico. Assim como os homens se reuniam no portão da cidade (19:1), as mulheres e as moças se encontravam no poço.

3. Uma fervorosa oração (24:12-14). O servo faz uma oração silenciosa, pedindo o socorro divino e sua bondade. Ele pede um sinal para Deus: a moça que desse de beber a ele e aos dez camelos seria a moça escolhida para casar-se com Isaque. O servo estava no lugar certo, no momento certo, e submeteu suas necessidades a Deus. Ele pede um sinal não para fortalecer sua fé, mas para reconhecer a vontade de Deus.

4. Uma jovem que preenche as exigências (24:15-20). Destacamos aqui algumas qualificações de Rebeca:

Primeiro, *a jovem tem as qualificações familiares requeridas* (24:15). Deus respondeu tão rápido a oração do servo de Abraão, que ele ainda não tinha dito "amém" à sua prece quando surge Rebeca, filha de Betuel, filho de Milca, mulher de Naor, irmão de Abraão, trazendo um cântaro no ombro (24:16). É óbvio que o servo de Abraão ainda não tem essas informações. Esse currículo de Rebeca ainda lhe é desconhecido.

Segundo, *a jovem é formosa e virgem* (24:16a). Rebeca era uma jovem bela e pura. Bonita por fora e por dentro.

Terceiro, *a jovem é trabalhadora* (24:16b). Rebeca não era uma moça mimada, frágil como uma peça de porcelana. Era dada ao trabalho. Tinha vigor para ir à fonte com o cântaro no ombro.

Quarto, *a jovem é generosa* (24:17,18). O servo de Abraão pediu-lhe um pouco de água de seu cântaro. Ela prontamente abaixou o cântaro e lhe deu de beber. Isso demonstra sua disposição de, generosamente, atender a necessidade de um estrangeiro.

Quinto, *a jovem é prestativa* (24:19,20). Rebeca espontaneamente, depois de ter dado de beber ao servo, prontifica-se a tirar água da fonte para dar de beber aos dez camelos. Esse era um trabalho gigantesco, pois cada camelo tem a capacidade de beber até cento e cinquenta litros de água.[2] Concordo com Warren Wiersbe quando diz que Rebeca não fazia ideia de que realizar uma tarefa tão simples para um desconhecido faria dela a noiva de um homem rico, que desfrutava de um relacionamento de aliança com Deus. Ela se tornaria a mãe de Jacó, que seria o pai das doze tribos de Israel.[3] Vale a pena pensar nisso: "Faça de toda ocasião uma grande ocasião, pois você nunca sabe quando alguém o está avaliando para algo mais elevado".[4]

5. Uma observação meticulosa (24:21). O servo de Abraão acompanha a cena de Rebeca com vívida expectativa.

[2] WIERSBE, Warren W. *Comentário bíblico expositivo.* Vol. 1. 2006, p. 140.

[3] WIERSBE, Warren W. *Comentário bíblico expositivo.* Vol. 1. 2006, p. 139.

[4] WIERSBE, Warren W. *Comentário bíblico expositivo.* Vol. 1. 2006, p. 140.

Todos as exigências feitas por Abraão e todos os sinais que ele pedira a Deus estavam ali estampados diante dos seus olhos, na figura daquela bela jovem.

6. Uma recompensa generosa (24:22). O servo de Abraão presenteia Rebeca com um pendente e duas pulseiras de ouro, joias preciosas, de grande valor. Esses presentes eram apenas um penhor de presentes maiores e melhores que estavam por vir.

7. Uma descoberta surpreendente (24:23,24). Ao inquirir da moça sobre sua família e sobre a possibilidade de pernoitar em sua casa com sua comitiva, fica sabendo que ela era filha de Betuel, neta de Naor, irmão de Abraão. Tudo estava se encaixando. De fato, o anjo do Senhor tinha ido à sua frente preparando os detalhes da providência divina.

8. Uma hospitalidade beduína (24:25). A moça conhece a cultura beduína e responde pela sua família, oferecendo hospitalidade ao velho desconhecido amável. A vontade de Deus pode ser vista nas circunstâncias favoráveis e nas atitudes fidalgas.

9. Uma adoração cheia de gratidão (24:26,27). O servo de Abraão estava contemplando o milagre da providência, e como resposta inclina-se e adora ao Senhor, exaltando o Senhor Deus de Abraão por tê-lo guiado à casa dos parentes de seu senhor. Bruce Waltke diz que "o Senhor", que nunca fala neste ato, é, não obstante, o ator principal. Ele é mencionado sete vezes nesta cena, duas vezes por Abraão (24:3,7), três vezes pelo narrador (24:1,26,52), dez vezes pelo servo (24:12,27 [2x],25,40,42,44,48[2x],56) e notavelmente três vezes por Labão e Betuel, que confessam a bênção do Senhor sobre Abraão (24:31,50,51).[5]

O SERVO DE ABRAÃO CHEGA À CASA DA NOIVA

Vamos destacar aqui vários fatos importantes nessa linda história da providência divina.

1. *O testemunho de Rebeca à sua família* (24:28). Rebeca tem energia para, depois de tirar água da fonte para dar de beber a dez camelos, ainda correr e contar aos da casa de sua mãe todos os acontecimentos.

2. *O interesse financeiro de Labão* (24:29-32). Quando Labão viu as joias de ouro que sua irmã havia recebido, correu ao encontro do servo de Abraão, para enaltecê-lo e oferecer-lhe fidalga hospedagem, a ele e sua comitiva.

3. *O propósito da viagem é declarado* (24:33). A mesa estava posta, mas o servo de Abraão disse que nada comeria até expor os motivos de sua viagem. Ele coloca sua missão acima de sua necessidade e conforto.[6] Essa viagem não era uma peregrinação de negócios, mas uma jornada para buscar uma noiva para o filho único e herdeiro de toda a riqueza de seu senhor.

[5] WALTKE, Bruce K. *Gênesis*. 2010, p. 401.

[6] WALTKE, Bruce K. *Gênesis*. 2010, p. 407.

4. Uma história comovente (24:34-48). O servo de Abraão, como um exímio narrador, conta com vívida eloquência a história da família de Abraão e os motivos de sua viagem: 1) sua riqueza (24:35); 2) o nascimento milagroso de Isaque (24:36); 3) Isaque, o herdeiro de toda riqueza de seu pai (35:36b); 4) o juramento que fizera a Abraão para buscar uma esposa para seu filho entre sua parentela (24:37-41); 5) a oração que fizera junto à fonte (24:42-44); 6) a resposta imediata à sua oração (24:45-47); 7) a sua adoração por Deus ter atendido a sua oração (24:48).

5. O pedido de casamento é feito pelo servo de Abraão (24:49). Depois de contar os detalhes da providência divina, o servo de Abraão formalmente faz o pedido de casamento à família de Rebeca.

6. O pedido de casamento é aceito pela família de Rebeca (24:50,51). O discurso do servo de Abraão é tão convincente que a família de Rebeca entende que isso procedia do Senhor, e eles nada poderiam fazer contra a verdade. Então, oferecem Rebeca, dizendo: "Eis Rebeca na tua presença; toma-a e vai-te; seja ela a mulher do filho do teu senhor; segundo a palavra do SENHOR" (24:51).

7. Um tributo de adoração ao Senhor (24:52). O servo de Abraão encara essa missão como um culto que presta a Deus. Diante da resposta da família de Rebeca, mais uma vez ele se prostra, certamente, agora, para agradecer o favor do Senhor.

8. Os presentes da noiva e os dotes para sua família (24:53). O servo de Abraão descarrega os dez camelos, ofertando a Rebeca as joias de ouro e de prata, bem como os vestidos. Oferece, também, como dote a seu irmão Labão e à sua mãe, ricos presentes.

9. A despedida da noiva (24:54-61). Todas as coisas aconteceram com a comida sobre a mesa. Só agora eles comeram e bebem. O servo de Abraão e os homens de sua comitiva pernoitaram na casa de Betuel aquela noite.

Destacamos cinco fatos importantes:

Primeiro, *a decisão do servo de Abraão* (24:54-57). Ele não quer atrasar nem mais um dia. Tem pressa para voltar ao seu senhor, com as boas-novas da missão cumprida. Os camelos viajavam cerca de trinta e oito quilômetros por dia; podiam percorrer até oitenta quilômetros diariamente, se fosse necessário, enquanto a média de uma pessoa a pé seria de cerca de trinta quilômetros por dia. Uma caravana de dez camelos, com servos e guardas podia, facilmente, fazer a viagem de ida e volta entre Hebrom e a Mesopotâmia em menos de dois meses. O servo era o tipo de homem que não permitia atrasos e estava ansioso para completar, com sucesso, a sua incumbência. Certamente, Abraão e Isaque estavam orando por ele e por sua missão, e suas orações foram atendidas.

Segundo, *a decisão de Rebeca* (24:58). Quando consultaram Rebeca se ela queria ir imediatamente com o servo de Abraão, ela respondeu: "Irei". Rebeca é uma mulher decidida. É amada por sua família, mas está pronta a partir e cumprir o projeto de Deus em sua vida. Se Rebeca tivesse ficado na Mesopotâmia e se casado com um dos homens da região, nunca mais teríamos ouvido falar dela.

Terceiro, *a despedida de Rebeca* (24:59). Sua família a despede com sua ama, Débora (35:8), a fim de seguir viagem junto com a caravana enviada por Abraão, rumo à terra prometida. Débora amamentara Rebeca e fielmente esteve a serviço da família durante duas gerações, falecendo em Betel, no seio da família de Jacó (35:8).

Quarto, *a bênção da família de Rebeca* (24:60). Esta bênção está sintonizada com o que Deus prometera a Abraão e sua descendência (22:17). Ela seria a mãe de Jacó, de quem procederam as doze tribos de Israel, das quais procedeu o Messias, por meio de quem todas as famílias da terra são abençoadas.

Quinto, *a partida de Rebeca de seu lar* (24:61). Rebeca monta os camelos com suas moças e segue a caravana do servo de Abraão rumo à terra prometida.

A recepção do noivo e a consumação do casamento de Isaque e Rebeca

Isaque era um homem de quarenta anos (25:20) e herdeiro de uma grande fortuna (24:35,36). Como ele viveu cento e oitenta anos (35:28,29), casou-se muito jovem, no auge do seu vigor físico. Nesse tempo, estava morando no Neguebe, a terra do sul, na região junto à fonte Beer-Laai-Roi, onde Deus encontrara com a marginalizada Hagar e lhe falara de uma nação que nasceria (16:14). Waltke diz que a narrativa reflete uma mudança de liderança e de foco para Isaque. Abraão, que tivera a iniciativa da viagem, já não é mencionado, nem há explicação para a residência de Isaque no Neguebe. O servo se reportará agora a Isaque como seu senhor (24:65); conforme Gênesis 24:36,39,42,44,48.[7]

Antes de expor os últimos versículos deste mais longo e fascinante capítulo de Gênesis, destaco o caráter cristocêntrico desta passagem. Isaque é um tipo de Cristo esperando a união com sua noiva. Enquanto ela vem para ele, ele está preparando um lugar para ela (João 14:3). Rebeca representa a igreja, a noiva imaculada (2Coríntios 11:2), que está sendo preparada para o noivo celestial (João 3:29; Romanos 7:4).

Henry Morris é oportuno quando traça um paralelo entre Rebeca e os crentes:

1) Seu casamento foi planejado antes que ela tomasse conhecimento dele (Efésios 1:3,4).
2) Ela era necessária para o cumprimento dos propósitos de Deus (Efésios 1:23).
3) Ela tinha a missão de demonstrar a glória do filho (João 17:22,23).

[7] WALTKE, Bruce K. *Gênesis*. 2010, p. 410.

4) Ela aprendeu acerca do filho através de seu emissário.
5) Ela imediatamente deixou tudo para trás e foi para o filho, amando-o antes de vê-lo e alegrando-se com alegria indizível (1Pedro 1:8).
6) Ela viajou pelo deserto para encontrá-lo, guiada pelo servo (1Pedro 1:3-9).
7) Ela foi amada por ele, e finalmente unida a ele para sempre (Efésios 5:26,27; Apocalipse 19:7; 1Tessalonicenses 4:17).[8]

Morris destaca também um paralelo entre Isaque e Cristo:

1) Ele foi prometido antes de sua vinda (Lucas 1:70).
2) Ele apareceu na plenitude dos tempos (Gálatas 4:4).
3) Ele foi concebido e nasceu miraculosamente (Lucas 1:35).
4) seu nome apropriado foi designado por Deus antes de seu nascimento (Mateus 1:21).
5) Ele foi oferecido em sacrifício por seu pai (1João 2:2).
6) Ele foi obediente até à morte (Filipenses 2:8).

[8] MORRIS, Henry M. *The Genesis Record.* 2006, p. 405.

7) Ele foi trazido de volta da própria morte (Efésios 1:19-23) para ser o cabeça de uma grande nação e para abençoar todos os povos.[9]

Vejamos cinco pontos importantes aqui:

1. Isaque, um homem de oração (24:62,63). Quando a caravana do servo de Abraão está chegando, Isaque está saindo ao cair da tarde para o seu tempo de meditação. Enquanto ele sai para buscar a Deus, o Senhor traz a ele uma jovem fascinante. Ela era bonita (24:16), trabalhadora (24:15), prestativa (24:20), amada (24:55), decidida (24:57,58) e recatada (24:65).

2. Rebeca, uma jovem recatada (24:64,65). Quando Rebeca viu Isaque, ela apeou do camelo e cobriu-se com o véu. Esse era o costume das noivas. O véu era um distintivo de noivado ou casamento. Rebeca cobriu-se com o véu porque Isaque só poderia vê-la no casamento. Rebeca era uma mulher recatada que, em vez de expor a beleza de seu corpo para seduzir o noivo, cobre o rosto.

3. Isaque conduziu Rebeca para a tenda de Sara, sua mãe (24:66,67). Isaque, ao ouvir o relato da providência de Deus sobre Rebeca, imediatamente a introduz na tenda de Sara, aceitando-a como sua mulher e entregando-lhe o domínio da casa. Reconhece que ela dará continuidade à história da promessa. Assim como Isaque é apresentado

[9] MORRIS, Henry M. *The Genesis Record*. 2006, p. 405.

pelo narrador como senhor e sucessor de Abraão, Rebeca é apresentada como sucessora de Sara.

4. Isaque recebe Rebeca como sua mulher, amando-a (24:67). Isaque consuma o seu casamento com Rebeca. Foi amor à primeira vista. Um casamento sem namoro, mas com muita orientação do Senhor. Braumer diz que o casamento não é o auge, mas a semente de onde brota o amor. Enquanto hoje se dá mais importância ao amor que leva ao casamento, aqui se fala de um amor que dura uma vida inteira. Por mais significativo que seja o amor que leva ao casamento, é mais significativo ainda que ele cresça depois do casamento.[10]

5. Isaque é consolado por Rebeca (24:67). Rebeca não é apenas alvo do amor de Isaque, mas fonte de consolo para seu coração. Ela é uma aliviadora de tensões, um bálsamo para seu marido. Concluo com as palavras de Bruce Waltke: "Como a história se iniciou com o pai de Isaque em seus últimos momentos ativos, ela termina com a memória de sua mãe. Isaque continua sua própria história".[11]

[10] BRAUMER, Hansjorg. *Gênesis*. Vol. 1. 2016, p. 373.

[11] WALTKE, Bruce K. *Gênesis*. 2010, p. 411.

Capítulo 17

Abraão, o homem que se casou de novo

O capítulo anterior encerra com o casamento de Isaque e Rebeca, e este abre com o segundo casamento de Abraão. Encontramos aqui histórias de família.

A história de Abraão e Quetura

Abraão tinha setenta e cinco anos quando saiu do meio de sua parentela. Quando Ismael nasceu, ele tinha oitenta e seis anos. Quando Isaque nasceu, ele tinha cem anos. Quando Sara, sua mulher, morreu, ele tinha cento e trinta e sete anos. Quando Isaque casou-se, ele tinha cento e quarenta anos. Após passar o luto de Sara e ver o filho da promessa casado, Abraão casou-se novamente.

Destacamos aqui alguns pontos importantes:

1. O segundo casamento de Abraão (25:1). Abraão casa-se com Quetura, chamada de sua mulher (25:1) e, também, de sua concubina (25:6). Waltke defende a ideia de que esse evento é anacrônico, por entender que o corpo de

Abraão já estava amortecido para a paternidade aos cem anos. Quando Sara morreu, Abraão estava com cento e trinta e sete anos. Além do mais, Quetura, que é chamada de esposa (25:1) é, também, chamada de concubina (25:6; 1Crônicas 1:32). Porém, a tese de que Abrão tivesse outra esposa além de Sara enquanto ela estava viva empalidece o caráter de Abraão e deslustra o seu amor por Sara.

A Bíblia não proíbe casar-se na viuvez nem mesmo em avançada idade. O mesmo Deus que vivificou o corpo de Abraão aos cem anos para gerar, fê-lo novamente, depois, para gerar os seis filhos com Quetura. Aliás, para Deus não há coisa demasiadamente difícil (18:14). Concordo com Henry Morris quando diz que é certamente possível que uma das razões de Abraão ter se casado com Quetura foi a profecia de Gênesis 17:4: "Quanto a mim, será contigo a minha aliança; serás pai de numerosas nações".[1] Ainda vale a pena destacar que embora a poligamia fosse praticada por homens piedosos no Antigo Testamento, não foi o preceito conjugal instituído por Deus (2:24) nem o padrão reafirmado no Novo Testamento por Jesus (Mateus 19:1-9), bem como pelo apóstolo Paulo (1Timóteo 3:2,12).

2. Os descendentes de Abraão (25:2-4). Com Quetura ele teve seis filhos: Zinrã, Jocsã, Medã, Midiã, Isbaque e Suá. Jocsã deu-lhe dois netos: Seba e Dedã. Seu neto Dedã, por sua vez, deu-lhe três bisnetos: Assurim,

[1] MORRIS, Henry. *The Genesis Record.* 2006, p. 408.

Letusim e Leumim. Seu filho Midiã deu-lhe três netos: Efá, Efer, Enoque e duas netas: Abida e Elda. Os filhos de Abraão com Quetura tornaram-se tribos árabes. Braumer chama Quetura de a mãe dos povos árabes.[2]

3. O testamento de Abraão (25:5,6). Muito embora Abraão tenha gerado Ismael da serva egípcia Hagar e mais seis filhos de Quetura (chamadas de concubinas), ele deu tudo o que possuía a Isaque. Ao filho de Hagar e aos filhos de Quetura, chamadas de concubinas, Abraão deu presentes. Abraão ainda se empenhou em separar seus outros filhos de Isaque, enviando-os para a terra oriental. Preventivamente, ele cuidou para não haver desavença entre seus filhos nem interferência no cumprimento da promessa de Deus por meio de Isaque.

A herança que Abraão deixou para Isaque pertence também aos filhos da promessa. O que ele deixou de herança para nós? 1) o testemunho claro da salvação pela fé (15:6; Romanos 4:1-5); 2) o exemplo de uma vida fiel (Tiago 2:14-16); 3) a nação judaica (João 4:22); 4) o Salvador (12:1-3; Mateus 1:1). Nas palavras do apóstolo Paulo, Ismael nasceu escravo, mas Isaque nasceu livre (Gálatas 4:21-31; 5:1,2). Portanto, todo aquele que crê em Jesus Cristo compartilha de todas as bênçãos do Espírito em Cristo (Efésios 1:3) e é parte da gloriosa herança de Cristo. Concordo, portanto, com as palavras de Warren Wiersbe, quando diz que a parte mais

[2] BRAUMER, Hansjorg. *Gênesis.* Vol. 2. 2016, p. 41.

importante do legado de Isaque não era a grande riqueza material, mas sim a riqueza espiritual.[3]

4. A longevidade de Abraão (25:7). Abraão teve uma vida longeva. Ele não apenas teve quantidade, mas, sobretudo, qualidade de vida. Viveu cento e setenta e cinco anos. Uma vez que foi chamado por Deus aos setenta e cinco anos, ele teve a oportunidade de viver cem anos na presença de Deus. Foi um século de bênção. Nesse tempo, ele morou em tendas e construiu altares. Andou pela fé e demonstrou seu acendrado amor a Deus. A Palavra de Deus diz que a velhice é boa quando se anda no caminho da justiça: "Coroa de honra são as cãs, quando se acham no caminho da justiça" (Provérbios 16:31). É conhecida a expressão do maior evangelista do século vinte, Billy Graham: "A velhice não é para os fracos". A velhice é tempo oportuno para compartilhar com as futuras gerações os preceitos divinos (Salmos 48:13,14; 78:5-7).

5. A morte de Abraão (25:8). A morte de Abraão é descrita de três formas: *expirou – morreu – foi reunido ao seu povo*. Abraão não morreu de senilidade, mas morreu em ditosa velhice, avançado em anos. Braumer diz, com razão, que "avançado em dias" não é uma fase da vida em que o corpo está cansado, os olhos baços, as mãos trêmulas e os membros inseguros; antes, significa maduro e

[3] WIERSBE, Warren W. *Comentário b*íblico *expositivo.* Vol. 1. 2006, p. 150.

realizado.[4] Portanto, Abraão expirou depois de completar sua vida e cumprir todos os propósitos de Deus.

A expressão: "foi reunido ao seu povo" não significa que seu corpo foi levado para a Mesopotâmia, onde morava sua parentela, nem que foi enterrado junto com outros membros de sua família, pois apenas Sara havia morrido. A expressão significa que ele foi levado para junto daqueles que já haviam morrido na fé. Isso significa a imortalidade dos salvos ou a continuidade da existência dos mortos.[5] Nas palavras de Warren Wiersbe, "isso significa ir para onde estão aqueles que morreram, referindo-se ao espírito e não ao corpo".[6] Deus já havia prometido a Abraão: "Tu irás para os teus pais em paz" (15:15). Isso aconteceu na sua morte. Ir aos seus pais em paz ou ser reunido com seu povo não é somente uma reunião de corpos, mas das pessoas. A reunião com os pais é a entrada na imortalidade.

Hansjorg Braumer corrobora dizendo que o além é o verdadeiro lar do ser humano, e o lado de cá são os anos da difícil peregrinação estrangeira, da qual o espírito volta para encontrar morada no círculo dos seus, que o aguardam. É o retorno do espírito para Deus, diferente do enterro, no qual o corpo é devolvido à terra: "O

[4] BRAUMER, Hansjorg. *Gênesis*. Vol. 2. 2016, p. 42.

[5] KIDNER, Derek. *Gênesis: introdução e comentário*. 2006, p. 139.

[6] WIERSBE, Warren W. *Comentário bíblico expositivo*. Vol. 1. 2006, p. 146.

pó volte à terra, como o era, e o espírito volte a Deus, que o deu" (Eclesiastes 12:7).[7] No Novo Testamento, o lugar de bem-aventurança dos alvos é chamado de "seio de Abraão" (Lucas 16:22).

6. O sepultamento de Abraão (25:9,10). Abraão foi sepultado pelos seus filhos Isaque e Ismael, na caverna de Macpela, terreno que ele comprara para sepultar Sara. A ordem do nome de seus filhos aqui não é cronológica, mas teológica.[8] A reunião de Isaque e Ismael teria paralelo na de Jacó e Esaú por ocasião da morte de Isaque (35:29).

7. O herdeiro de Abraão (25:11). Tendo Abraão morrido, a história da redenção continua na pessoa de Isaque, o herdeiro das promessas. A aliança de Deus foi estabelecida com Isaque (17:21; Romanos 9:6-13). Deus o abençoou e ele continuou habitando no mesmo lugar onde consumara seu casamento com Rebeca, junto ao poço de Beer-Laai-Roi (16:14; 24:62).

Antes de encerrarmos a história desse patriarca-mor, é de bom alvitre discorrermos um pouco sobre a história de seus descendentes. Vejamos:

A HISTÓRIA DE ISMAEL E SEUS DESCENDENTES

Destacaremos três fatos importantes:

[7] BRAUMER, Hansjorg. *Gênesis*. Vol. 2. 2016, p. 43.
[8] WALTKE, Bruce K. *Gênesis*. 2010, p. 421.

1. Os progenitores de Ismael (25:12). Ismael é o filho mais velho de Abraão. Filho do patriarca com Hagar, a serva de sua mulher Sara. Por quatorze anos Abraão chegou a pensar que Deus cumpriria sua promessa por intermédio dele. Porém Deus cumpriu sua palavra, e quando Abraão e Sara já estavam com o corpo amortecido para a paternidade e a maternidade, Deus lhes deu Isaque, o filho da promessa.

2. Os filhos de Ismael (25:13-16). Deus prometeu tanto a Abraão como a Hagar fazer de Ismael um grande povo, e cumpriu sua promessa. Ele tornou-se pai de doze príncipes, que por sua vez tornaram-se pai de doze povos: Nebaiote, Quedar, Abdeel, Mibsão, Misma, Dumá, Massá, Hadade, Tema, Jetur, Nafise e Quedemá.

George Livingston diz que a genealogia aqui registrada é uma demonstração de que as promessas de Deus a Hagar se cumpriram (16:12; 21:18). Os doze filhos de Ismael não só foram príncipes, mas seus seguidores encheram muitos acampamentos de tendas e se espalharam por vasto território. Foram nômades e percorreram a terra da fronteira leste do Egito (25:18), atravessando a Arábia Central, até a fronteira sul de Assur (Assíria) ao longo do rio Tigre.[9]

Hansjorg Braumer diz ainda que os doze filhos de Ismael correspondem a doze chefes políticos e religiosos de

[9] LIVINGSTON, George H. *O livro de Gênesis*. Em Comentário bíblico Beacon. Vol. 1. 2015, p. 78.

tribos. Eles lideram as doze tribos ismaelitas. Essas doze tribos eram, em parte, sedentárias, e, em parte, nômades (25:16). Alguns tinham cidades fixas, moravam em vilas, outros andavam de um lado para outro em acampamentos beduínos.[10] As tribos de Ismael guerrearam contra todas as tribos e povos com os quais elas tiveram contato. Os ismaelitas sempre afrontaram todos os seus inimigos, conforme profetizado pelo mensageiro de Deus antes mesmo do nascimento de Ismael (16:12).[11]

3. A morte de Ismael (25:17,18). Ismael viveu cento e trinta e sete anos; morreu e foi reunido ao seu povo. Embora tendo sido mandado embora da casa de Abraão com sua mãe, quando tinha dezessete anos, conheceu o Deus de Abraão e morreu nessa fé. Sua descendência habitou desde Havilá até Sur, nas proximidades do Egito, na rota que vai para Assíria. Eles se estabeleceram fronteiro a todos os seus irmãos.

A história de Isaque e Rebeca

No livro de Gênesis, a vida de Isaque é ofuscada pela fé ousada de seu pai, Abraão, e pelas qualidades dramáticas da vida de seu filho, Jacó. James Montgomery Boice, citando Griffith Thomas, diz que Isaque era o filho ordinário de um grande pai e o ordinário pai de um grande

[10] BRAUMER, Hansjorg. *Gênesis*. Vol. 2. 2016, p. 44.

[11] BRAUMER, Hansjorg. *Gênesis*. Vol. 2. 2016, p. 45.

filho.[12] Dos patriarcas Abraão, Isaque e Jacó, Isaque é o mais longevo e passivo. Entretanto, ele foi uma ponte sólida entre essas duas gerações.[13]

Descaremos alguns pontos:

1. A oração de Isaque por Rebeca (25:19-21). Isaque casou-se com Rebeca quando tinha quarenta anos de idade e orou por ela vinte anos até que ela concebesse. Isaque é o único patriarca monogâmico. Rebeca era estéril. O Senhor ouviu-lhe as orações e Rebeca concebeu. Se Abraão esperou vinte e cinco anos para que Deus abrisse a madre de Sara, Isaque orou vinte anos para que Deus fizesse o mesmo com Rebeca. A paciência e a perseverança na oração era uma marca de Isaque. Jacó teve de trabalhar quatorze anos para conseguir Raquel e José precisou esperar vinte e dois anos para encontrar sua família. Nosso tempo está nas mãos de Deus, como diz o salmista: "Nas tuas mãos, estão os meus dias [...]" (Sl 31:15).

2. A angústia de Rebeca (25:22,23). Rebeca não apenas ficou grávida, mas grávida de gêmeos. Os filhos lutavam dentro de seu ventre, a ponto de angustiá-la e levá-la a desesperar-se da própria vida. Nesse caudal de dor, ela consulta ao Senhor. Ela buscar discernimento por intermédio da oração, e Deus lhe responde dizendo que havia

[12] BOICE, James Montgomery. *Genesis.* Vol. 2. 1998, p. 745.

[13] LIVINGSTON, George H. *O livro de Gênesis.* Em Comentário bíblico Beacon. Vol. 1. 2015, p. 79.

duas nações no seu ventre, dois povos nascidos dela, que haveriam de se dividir. Deus disse ainda que um povo seria mais forte que o outro e o mais velho serviria ao mais moço. Essa revelação expressa a soberana escolha de Deus, como esclarece o apóstolo Paulo em Romanos 9:11,12.

3. Os filhos gêmeos de Isaque e Rebeca (25:24-26). No dia de Rebeca dar à luz, o primogênito nasceu ruivo, revestido de pelo; então deram-lhe o nome de Esaú. Depois, nasceu o segundo, segurando no calcanhar dc Esaú, por isso lhe deram o nome de Jacó. Esaú tornou-se o pai dos edomitas e Jacó, o pai das doze tribos de Israel. Essas doze tribos formaram a nação de Israel, de onde procedeu Jesus, o Messias!

CONCLUSÃO

Ao longo das páginas deste livro, caminhamos juntos pela jornada de Abraão, o homem chamado por Deus para deixar sua terra natal e seu povo, embarcando numa viagem de fé que moldaria não apenas a sua vida, mas também o curso da história humana. Abraão, antes chamado Abrão, não foi apenas o progenitor físico de nações, mas também o patriarca espiritual de todos os que, através dos séculos, escolheram viver pela fé em Deus.

A vida de Abraão é uma tapeçaria rica em fé, erros e redenção. Ele não foi um herói sem falhas; suas incertezas e seus erros são claramente evidenciados, tornando sua história não apenas uma narrativa de fé impactante, mas também um relato de humanidade verdadeira e identificável. Cada passo que Abraão deu, cada altar que construiu e cada desafio que enfrentou nos mostram que a verdadeira fé não é isenta de dúvidas ou dificuldades, mas é formada e refinada através delas.

É essencial reiterar que Abraão não é apenas uma figura histórica ou religiosa distante. Ele é um exemplo eterno de como a fé em Deus pode nos chamar para aventuras inimagináveis, nos levar através de provações insondáveis e nos trazer para uma relação mais profunda e significativa com o Criador. Abraão nos ensina que a fé verdadeira exige ação, sacrifício e, às vezes, a coragem de não saber exatamente para onde estamos indo, confiando que Deus nos guiará.

Que a história de Abraão inspire cada leitor a contemplar a própria jornada de fé. Que possamos aprender com suas vitórias e suas falhas, e que sejamos encorajados a viver uma vida que, acima de tudo, busca agradar e seguir a Deus. Pois, como Abraão, somos chamados a olhar para além do horizonte visível, rumo à promessa de uma cidade celestial cujo arquiteto e construtor é o próprio Deus.

Com este livro, buscamos não apenas conhecer sobre Abraão, mas ser transformados pela fé que ele exemplificou. Que sua história ressoe em nossos corações e mentes, e que sejamos, como ele, verdadeiros "filhos da promessa", vivendo não pela vista, mas pela fé no Deus que chama, promete e cumpre.

BIBLIOGRAFIA

BOICE, James Montgomery. *Genesis*. Vol. 2. Grand Rapids: Baker Books, 1998.

BRAUMER, Hansjorg. *Gênesis*. Vol. 1. São Paulo: Cultura Cristã, 2016.

BROWN, Raymond. *The Message of Hebrews*. Downers Grove: InterVarsity Press, 1988.

HENRY, Matthew. *Comentário bíblico Antigo Testamento – Gênesis a Deuteronômio*. Vol. 1. São Paulo: CPAD, 2010.

HENRY, Matthew. *Matthew Henry's Commentary*. Grand Rapids: Zondervan, 1961.

HUGHES, Philip E. *A Commentary on the Epistle to the Hebrews*. Grand Rapids: Eerdmans, 1990.

KEENER, Craig S. *Comentário histórico-cultural da Bíblia*. São Paulo: Vida Nova, 2017.

KIDNER, Derek. *Gênesis: introdução e comentário*. São Paulo: Vida Nova, 2006.

KISTEMAKER, Simon. *Hebreus*. São Paulo: Cultura Cristã, 2003.

LIVINGSTON, George H. *O livro de Gênesis*. Em *Comentário bíblico Beacon*. Vol. 1. Rio de Janeiro: CPAD, 2015.

MACDONALD, William. *Believer's Bible Commentary*. Nashville: Thomas Nelson, 1995.

MORRIS, Henry M. *The Genesis Record*. Grand Rapids: Baker Books, 2006.

OLYOTT, Stuart. *A Carta aos Hebreus*. São Paulo: PES, 2012.

PETERSON, David G. *Hebreus. In New Bible Commentary*. Downers Grove: InterVarsity Press, 1994.

STERN, David H. *Comentário judaico do Novo Testamento*. São Paulo: Vida, 2008.

WALTKE, Bruce K. *Gênesis*. São Paulo: Cultura Cristã, 2010.

WESLEY, John. *Hebreus*. In *The Classic Bible Commentary*. Nashville: Thomas Nelson, 1999.

WIERSBE, Warren W. *Comentário bíblico expositivo*. Vol. 1. São Paulo: Geográfica Editora, 2006.

WILEY, Orton H. *Comentário exaustivo da Carta aos Hebreus*. São Paulo: Hagnos, 2013.

WILLMINGTON, Harold L. *Guia de Willmington para a Bíblia*. São Paulo: Mundo Cristão, 2015.